主編　李俊義　周大利　趙愛民

遼寧北鎮廟元明清碑刻集成

文物出版社

圖書在版編目（CIP）數據

遼寧北鎮廟元明清碑刻集成 / 李俊義，周大利，趙愛民主編 . --北京：文物出版社，2023. 12.

ISBN 978-7-5010-8303-9

Ⅰ . ①北 … Ⅱ . ①李 … ②周 … ③趙 … Ⅲ . ①寺廟 — 碑刻 — 彙編 — 錦州Ⅳ . ① K877.42

中國版本圖書館 CIP 數據核字 (2023) 第 246233 號

遼寧北鎮廟元明清碑刻集成

主　　編：李俊義　周大利　趙愛民
書名題字：高延青
封底篆刻：宋英達
責任編輯：賈東營
責任印製：王　芳

出版發行：文物出版社
社　　址：北京市東城區東直門内北小街 2 號樓
郵　　編：100007
網　　址：http://www.wenwu.com
經　　銷：新華書店
印　　刷：北京錦鴻盛世印刷科技有限公司
開　　本：889㎜×1194㎜　1/8
印　　張：41.5
版　　次：2023 年 12 月第 1 版
印　　次：2023 年 12 月第 1 次印刷
書　　號：ISBN 978-7-5010-8303-9
定　　價：980.00 圓

遼寧北鎮廟元明清碑刻集成

高延青題

赤峰市人民政府原市長、内蒙古自治區文化廳原廳長、書畫篆刻家高延青先生爲本書題耑

遼寧省民族和宗教事務委員會鑄牢中華民族共同體意識研究基地系列成果

大連民族大學中央高校基本科研業務費資助成果（2023-MAX-0501）

大連民族大學東北各民族交往交流交融史研究中心系列成果

遼寧省錦州市北鎮廟文化遺產保護與研究專項成果

編委會

前言

五鎮山是中國古代國家祀典中僅次於五嶽的五座名山。源於古代山嶽崇拜的信仰傳統，民衆賦予五鎮山護持一方的神秘色彩。唐宋以降，五鎮山成爲封建統治者維護王權一統的重要祭祀對象，「普天之下，莫非王土」，屢受加封的五鎮山成爲這句政治宣言最顯明的地理注脚。宋元時期，五鎮的加封祭祀制度逐漸固定和統一，各鎮山皆立有鎮廟，以作祭祀的主要場所。然時至今日，留存較爲完好的僅剩北鎮醫巫閭山上的北鎮廟，其價值自然不言而喻。

醫巫閭山，古稱醫無慮山、醫巫慮山、醫無閭山、於微閭山等名，今簡稱閭山。其鎮山之名最早可追溯到舜封十二州名山，以醫巫閭山爲東北幽州之鎮。秦漢以降，醫巫閭山作爲名山享譽天下，《淮南子》曰：「東方之美者，有醫巫閭之珣玗琪也」〔一〕。北魏建立後，文成帝曾親祀醫巫閭山，可見當時已有祭祀醫巫閭山之雛形，但尚未形成祀典體例。逮至隋朝，正式詔封天下四大鎮山，以醫巫閭山爲北鎮，北鎮山之名就此確立。隋開皇十四年，於醫巫閭山建祠廟，稱「醫巫閭山神祠」，這也成爲後世北鎮廟之雛形。自隋之後，醫巫閭山爲歷代帝王所加封祭祀，唐封「廣寧公」、宋金封「廣寧王」、元封「貞德廣寧王」、明清稱「醫巫閭山之神」，其祭祀地點自金代固定爲北鎮廟後，一直延續至清。而隨着歷史的演進，北鎮山祠廟也不斷被擴建修繕。金大定四年，重修隋唐醫巫閭山神祠，改稱「廣寧神祠」。元大德二年，將神祠擴建後改稱「廣寧王神祠」，元末戰亂，神祠損毀頗重。明洪武三年，朱元璋詔當地官員於原址重修醫巫閭山神祠，并改稱「北鎮廟」，北鎮廟之稱由此固定，延續至今。

一九八八年，北鎮廟被國務院公布爲第三批全國重點文物保護單位。當地文物保護部門先後多次組織專業人員進行修繕，廟内留存的元明清建築及各代碑刻得到及時地修葺和維護，呈現於今人面前。古老的建築構造和精美的藝術設計，無疑是北鎮廟留下的珍貴文化遺産，而廟内留存的元明清碑刻，更是爲我們探索北鎮廟的歷史脉絡提供了最基本也是最珍貴的史料。在國内學者紛紛關注和研究北鎮廟的過程中，北鎮廟碑刻也爲衆多學者所運用。然而遺憾的是，受限於北鎮廟碑刻尚未有過系統的收録、整理、校勘和出版，很多研究者使用的諸多收録北鎮廟碑刻的資料，事實上有許多録文訛誤之處和收録不全的問題存在，也導致很多研究者在史料運用上有所缺憾。有鑒於此，我們在綜合前人研究成果的基礎上，進行了大量的實地調查，重新拍攝與椎拓北鎮廟碑刻，并據原碑及拓本重新録文及校勘，輯成此書，以期爲學界提供更爲全面可靠的碑刻原始資料及録文。於此另撰一文，簡要介紹北鎮廟碑刻的大致情况及碑刻價值，權作叩金之木、引玉之磚耳。

〔一〕（漢）劉安：《淮南鴻烈解》，北京：中華書局，一九八五年，第一二七頁。

一、北鎮廟碑刻概況

北鎮廟碑刻很早就受到前輩學人的關注，清代刊刻的《錦州府志》[一]等志書或多或少記載了一些北鎮廟碑刻，民國時期印行的《北鎮縣志》《滿洲金石志稿》《滿洲金石志》[二]等志書收録了北鎮廟部分碑文。近些年來，陸續出版的《北寧市文物志》《遼寧碑志》《錦州市文物志》[三]等相關書籍，大量收録北鎮廟碑文，爲學界提供了參考文獻。但這些成果也存在着不少問題，民國時期及之前的著作收録大都不全，多局限於一縣一地的收録，有些碑文亦不完整；而今人著作大多因襲舊有方志和金石著作的録文，雖有增補，然手民誤植之處頗多，且大多缺少原碑及拓本等圖版信息，仍有待於進一步完善和補充。

據統計，北鎮廟碑刻計五十六通，碑刻年代去古未遠，上自元代，下迄清代。其中元代碑刻十二通，明代碑刻十五通（其中兩通係從別處移至於此），清代碑刻二十九通（其中兩通係從別處移至於此），碑文內容涉及皇帝親身或派遣官員封山、祭祀、重修廟宇、游歷閭山等事。下面，筆者就北鎮廟元明清碑刻情況分而述之。

元代碑刻據內容可分爲兩類，一類爲加封碑，一類爲祭祀碑。前者僅有一通，爲元大德二年《加封北鎮廟碑》，也是北鎮廟現存最早的碑刻。後者數量較多，均是紀帝王遣使祭祀北鎮之事。其中仁宗朝兩通；文宗朝一通；惠宗在位時間最長，故紀其遣官祭祀北鎮廟的碑刻數量最多，計八通。

明代碑刻據內容亦可分爲兩類，一類爲祭祀碑，一類爲重修碑。前者數量較多，計九通。具體而言，成化朝、隆慶朝、萬曆朝各一通。正德朝計三通，其中正德八年立有兩通，兩碑碑陽內容一致，不同之處在於一通有碑陰，記録了參與祭祀的官吏之名，另一通則無碑陰，應當爲廢棄之碑；爾後，另選石材重刻，立於廟內。弘治朝計三通，其中弘治六年立有兩通，兩碑內容大致相同，其中一碑有錯字、衍字的情況，應當是此碑因刻字錯誤廢棄，被人發現之後，另選石材，重刻重立於廟內。明代碑刻第二類爲紀重修北鎮廟事的碑刻，數量較少，計四通，其中洪熙朝、弘治朝、正德朝、萬曆朝各一通，分別記録了明代北鎮廟四次重修之事。

清代碑刻數量最多，內容也最爲豐富，可分爲五類：祭祀碑、重修碑、紀念醫巫閭山之碑、萬壽寺之碑、御製詩文碑。五類碑刻大致情況如次：

祭祀碑，計四通，其中康熙朝三通、乾隆朝一通。

[一]（清）劉源溥等：《錦州府志》，康熙二十二年抄本。

[二]（民國）王文璞等纂：《北鎮縣志》，一九三三年鉛印本；[日]園田一龜集録：《滿洲金石志稿》，南滿洲鐵道株式會社，一九三六年鉛印本；（民國）羅福頤校録：《滿洲金石志》，滿日文化協會，一九三七年石印本。

[三]趙傑、周洪山主編：《北寧市文物志》，瀋陽：遼寧民族出版社，一九九六年；王晶辰主編：《遼寧碑志》，瀋陽：遼寧人民出版社，二〇〇二年；趙振新、吴玉林主編：《錦州市文物志》，北京：學苑出版社，二〇〇五年。

重修碑，計三通，其中康熙朝兩通、光緒朝一通。

紀念醫巫閭山之碑，計三通，其中康熙朝兩通、雍正朝一通。主要表達帝王對北鎮山庇佑大清國民的敬仰之情。

萬壽寺之碑，計五通。此類碑源於清康熙年間，群臣爲賀康熙五十七壽而於北鎮廟内建萬壽寺，自此留有萬壽寺相關碑記。其中康熙朝三通，記賀壽及修萬壽寺、禪林之事；乾隆朝兩通，則主要記萬壽寺佛事活動。

御製詩文碑，此類碑刻數量最多，計十三通。其中絶大多數爲乾隆皇帝所作，僅《游醫巫閭山得五言三十韵詩碑》碑陰有道光皇帝所附五言律詩一首。乾隆所立詩碑大致可分爲四類：祭祖途經廣寧時所作詩，計四通；望醫巫閭山依皇祖元韵詩，計三通；游歷醫巫閭山所作詩，計五通；祭祀北鎮廟所作詩，計兩通。

二、碑刻價值略論

（一）元明清國家祀典文化之重要遺存

北鎮廟碑刻最顯明的價值，在於其留存了元明清三朝國家祀典的相關信息。而三朝碑刻反映的祭祀信息也略有不同。以元代碑刻論之，其主要記載國家祀典禮儀的内容。如延祐四年所立《北鎮廟代祀記碑》載：「翼日壬午丑初，禮行三獻，牲酒既潔，祭品載陳。」至順二年所立《北鎮廟御香碑》載：「馳馹賫擎御香白金盒一箇、紫錦幡一合、中統鈔伍定，以爲致之禮。」凡此種種，不一而足。上述碑文記録了元代祭祀北鎮廟的時間、祭品、禮儀等詳細信息，直觀反映了元代國家祭祀的相關禮儀制度。

而明清碑刻記載的信息則與元代略有不同，對於祭祀相關的禮儀制度并無過多涉及，而大多反映祭祀醫巫閭山之起因。在這一點上，明清兩代碑刻所載可謂是截然相反。明代所立九通祭祀碑，除正德元年、隆慶元年、萬曆元年三通御祭碑，是以皇帝嗣立之事祭祀北鎮外，其餘六通皆是以國家灾异、戰亂之事而祈福北鎮，如成化十三年《北鎮廟御祭祀碑》載：

國家敬奉神明，聿嚴祠祝，所期默運化機，庇佑民庶。乃近歲以來，或天時不順，地道欠寧；或雷電失常，雨暘爽候；或妖孽間作，疫厲交行。遠近人民，頻遭饑饉，流離困苦，痛何可言！惕然於衷，罔攸惟袓，奠鎮一方，民所恃賴，覩茲災沴，能不究心？是用特具香幣，遣官祭告，尚冀體上帝好生之德，鑒予憂憫元元之意。斡旋造化，弘闡威靈，捍患御災，變禍爲福。庶幾民生獲遂，享報無窮，惟神鑒之。謹告。

再如弘治六年《北鎮廟御祭祀碑》載：

伏自去冬無雪，今春少雨，田苗未能播種，黎庶實切憂惶。予甚兢惕，用是側身循省，虔致禱祈。惟神矜憫下民，斡旋大造，早霈甘澤，以滋禾稼，以及民艱。庶民有豐稔之休，則神亦享無窮之報，謹告。

又如正德八年《北鎮廟御祭祝文碑》載：

去歲以來，寧夏作孽，命官致討，逆黨就擒，内變肅清，中外底定，匪承洪佑，曷克臻茲？因循至今，未申告謝。屬者，四方多事，水旱相仍，餓莩載塗，人民困苦，盜賊嘯聚，剿捕未平，循省咎由，實深兢惕。伏望神慈昭鑒，幽贊化機，災沴潛消，休祥叶應，永庇生民。謹告。

可以看出，所列碑文皆提及國家灾禍之事，明廷遣使祭祀北鎮也是祈求北鎮醫巫閭山之神福佑國家、庇護生民。與之相反的是，在清代碑刻中，祭祀北鎮之起因多是國泰民安、誇耀功績之事。如康熙二十一年《北鎮廟御祭祝文碑》載：

維神傑峙營平，雄蟠遼海，發祥兆跡，王氣攸鍾。朕祇承神祐，疆宇蕩平，特遣專官，用申殷薦，惟神鑒焉！

又如康熙四十二年《北鎮廟御祭祝文碑》載：

維神功障遼陽，勢連渤海，靈威丕赫，作鎮北方。朕祇承休命，統馭寰區，夙夜勤勞，殫思上理，歷茲四十餘載。今者適屆五旬，海宇昇平，民生樂業。見輿情之愛戴，沛下土之恩膏，特遣專官，虔申秩祀，尚憑靈貺，益錫蕃禧，佑我國家，共登仁壽，神其鑒焉，尚馨！

從上述文字可以看出，清代祭祀北鎮之文，皆爲表功，而不顯過，即使在清代其他類型的碑刻中，也未曾見到如明代碑文一般坦言國家灾禍的言辭。明清兩代祭祀北鎮之起因可謂是大相逕庭。這種差异的背後，顯露出兩代北鎮祭祀文化上的不同。清廷最高統治者起於東北，視東北爲龍興之地，醫巫閭山作爲東北歷史上最具文化内蘊、信仰色彩的名山，自然爲清廷所重。正如康熙二十一年《北鎮廟御祭祝文碑》中提到醫巫閭山「發祥兆跡，王氣攸鍾」，正是指滿人發迹於東北是得醫巫閭山之庇佑，醫巫閭山也被滿人視爲祖宗龍興的庇護神山。乾隆多次於東北祭祖，亦不忘至北鎮祭祀，北鎮廟内留存的清代碑刻有不少是乾隆祭祖途中所留。那麽祭祀北鎮如同祭祖的清帝，自然在祭文中言功而飾非。而明代并無這種族源上的羈絆，視北鎮與其餘四鎮并無不同。在萬曆三十四年《重修北鎮廟記》中載：「神不安，欲捍患禦災者無策。」明人認爲五方鎮山之神的主要功用爲消弭灾禍，那麽在國有灾异之時，通過祭祀北鎮，敬告神明，以祈福佑。

（二）北鎮廟元明清歷史沿革之重要文獻

除祭祀文化外，北鎮廟碑刻也是研究北鎮廟歷史沿革之重要文獻。現存最早的北鎮碑刻爲元大德二年《加封北鎮廟碑》，此碑是元成宗首開元代祭祀北鎮之典的明證，北鎮廟自此得元廷加封祭祀，延續不絶。不過有元一代，對於北鎮廟未曾進行過大規模的翻修，應當是繼金代祠廟進行祭祀。至元末戰亂，北鎮廟慘遭兵灾，損毁嚴重。明朝建立後，朱元璋定都南京，北事以蒙古爲重，無暇關注北鎮之事。朱棣繼位後，先後多次親征蒙古，北方局勢逐漸穩定。而在其晚年，下詔重修北鎮廟，啟北鎮之祀。明洪熙元年《北鎮廟成祖敕諭碑》載：

北鎮醫巫閭之神，自昔靈應彰顯，而衛國祐民，厥績尤著。獨其廟宇頹毀，至今弗克脩治。朕心拳切，夙夜弗忘。勑至爾等，即擇日興工，建立祠宇，飭嚴祀事，以稱朕崇仰之意。故勑。

在元代遺存基礎之上重新建造的北鎮廟，成爲明代北鎮祭祀的固定場所。不寧唯是，明廷又於弘治八年、正德四年、萬曆三十四年，三次重新翻修北鎮廟。此後，建州女真崛起，明朝逐漸失去對東北地區的控制，自然也就再無祭祀北鎮的碑刻留存。

迨至清代，北鎮醫巫閭山因作爲滿人的祖地神山，備受清廷關注。康熙一統全國後，先後多次至北鎮祭祀，彰顯功績。而其在位期間，也大規模修建了北鎮廟。其中，最重要的就是康熙五十年群臣爲賀康熙五十七大壽，而於北鎮廟内興建萬壽寺、萬壽亭、禪林等建築。自此，北鎮廟由原先獨立的山嶽信仰祠廟，轉而附加了佛教寺院的職能，北鎮廟的建築格局也因此有了新的變動。此後，清朝於北鎮廟留下的諸多碑刻，内容涉及帝王游歷閭山、詩文、佛事活動等，但并無太多重修碑刻，想來以清廷對北鎮之關注，日常修繕工作自然是極受重視，亦無太多重修之必要。至光緒十八年，方再次大規模重修北鎮廟，但此時清朝的統治已走向末期，北鎮廟也漸漸不爲清廷所關注。

（三）北鎮廟元明清職官之重要信息

北鎮廟碑刻尚有一些值得關注的地方，就是其中所記載的職官信息。這些職官信息的重要價值，可從兩方面説起：

其一，北鎮廟碑刻記載了較多的北鎮廟職務信息，這是較少爲人所關注的，而元明清三代碑刻中記載這些信息也略有差异。元代碑文中記載有「北鎮廟住持提點」「住持同提點」「知廟」「北鎮住持提舉」等，從名稱上看都是正式的宗教職官，北鎮廟應當是被納入元代宗教管理體系中，設有正式的宗教官員。明代碑文中則記載有「廟祝」「侍香」等職務，皆爲尋常廟宇中的職務名稱，與元代的正式官職大爲不同。而清代碑文中，罕見北鎮廟的職務名稱，出現有「住持僧性寶和尚」等稱，也是萬壽寺的職務，而非北鎮廟。以清廷對北鎮廟之重視，如何能不設北鎮廟的管理人員，我們細檢清代碑文，發現多數碑文帶有廣寧縣知縣的題名，於此筆者推測，清代北鎮廟事務很有可能由廣寧縣知縣直接管轄，故不專設北鎮廟職官。

其二，北鎮廟碑刻所載職官信息能補史傳人物職官之缺。北鎮之祀爲歷代帝王所重視，但往往不能親至北鎮祭祀，故常遣使代祀，而代祀之使往往也是資歷深厚之重臣，這些重臣在正史中常有記載。北鎮碑刻題名中記載了不少此等代祀之人的身份職官信息，這對於補史傳人物之生平職官確有很大的幫助。試舉一例，元至順二年《北鎮廟御香碑》載：

> 特遣邇臣集賢大學士、銀青榮禄大夫、中書平章政事温迪罕。

至順二年爲元文宗朝，在《元史·李朮魯翀傳》[一]記載有文宗朝平章政事温迪罕，與碑文所言「中書平章政事温迪罕」爲一人。而《元史》中温迪罕無傳，也無其更多的官職信息。於此，碑文中「集賢大學士、銀青榮禄大夫」等散階官職，無疑是對其人信息的一個重要補充。

[一]（明）宋濂：《元史》卷一八三《李朮魯翀傳》，北京：中華書局，二〇一三年，第四二二一頁。

綜上，以史學研究的角度審視北鎮廟碑刻，上述三類價值是其所體現的史料價值較爲明顯的例證，至於碑刻中包含的文學詩詞、書法藝術、雕刻設計等價值，則有待學界同仁進一步發掘和探索。

最後需要説明的是，本書共收録碑刻五十六通，其中北鎮廟原立碑刻五十二通，另有四通碑刻原爲當地關帝廟所立，後移置北鎮廟保存。本書編纂時爲求全備，故一并收録。

凡例

一　本書所收碑刻均出自遼寧省錦州市北鎮市北鎮廟内，共計五十六通。年代上自元代，下迄清代。

二　所收碑刻依斷代分爲元、明、清三部分，每部分所收碑刻按年代順序編號，排列先後。

三　碑刻標題仍按古人原題，即碑刻首題或碑額之題。原碑無題者則據内容補充自擬。

三　書中每件碑刻條目下含拓本圖版、原碑照片、説明、録文四部分。

四　所收碑刻一律製作拓本圖版，因特殊情况無拓本製版者，改用可展現字迹的原碑高清晰照片。

五　碑刻條目下均有説明，其内容包括：

（一）年代：標題之後爲年代，以碑刻立石年代爲准，用各代年號紀年，并附相應的公元紀年。

（二）現存地：説明中均注明該碑於北鎮廟内所存方位。

（三）質地與形制：包括碑刻的材質，如花崗岩質、沉積砂岩質等；碑刻的形制，如長方形、圓首方趺、龜趺螭首等。

（四）尺寸：以厘米爲單位。包括長（邊長）、寬、高（通高，指碑額、碑身和碑座的全高。如缺其中某部分，則標明具體尺寸，如碑高或碑額、碑身高等）、厚等。因碑石尺寸上下并非一致，測量時取中間值。

（五）文字：包括字體、碑刻文字行數、各行滿行字數。行數指涵蓋所有文字的部分，既包括正文行數，也包括標題及相關題款行數。滿行字數包括該行有字字數及空字字數。碑石碑陽、碑陰分述之。

（六）撰書者：包括撰者、書丹者、刊石者姓名等，均以碑文中標出者爲准。

（七）著録情况：擇要列出古今志書之著録情况。

六　録文：

（一）録文用字及標點：碑刻録文以忠實原碑所載爲准，原碑繁體字、簡體字、異體字、俗體字等一仍其舊。電腦字庫没有的個別字，則改爲規範繁體字。所有録文均酌加標點。

（二）録文格式：碑刻標題頂格，撰者、書者、篆額者題名行首空兩格，碑刻正文録文皆頂格，不分段。如原石標題和撰、書人刻於一列，録文時不分段。爲表明原文行款，碑刻原文有換行處，録文中該處一律以 ∟ 標示。碑刻文末刊石時間及刊石者名録，首行空六格。

（三）録文中的替代符號：碑刻中殘缺、漫漶的字一律以 □ 代替，缺幾個字加幾個□；一行之内無法判斷字數者，以 ⊓（下闕）⊔（上闕）□（中闕）三種符號標明。

目录

第三部分　清代碑刻

第一部分　元代碑刻

一　加封北鎮廟碑

元大德二年

加封北鎮廟碑，元大德二年（一二九八）立，現存遼寧省錦州市北鎮廟院内西側碑廊。碑漢白玉石質。碑首半圓，雕蟠龍，高七十三厘米，寬一百零六厘米，厚二十一厘米。碑身高一百五十二厘米，寬一百零四厘米，厚二十厘米。碑座龜趺，花崗岩石質，高七十八厘米，寬一百零四厘米，長一百九十五厘米。碑額楷書「聖詔之碑」，二行四字；碑陽楷書十一行，滿行二十七字；碑陰字迹已漫漶不清，僅辨識「永集賢記」「□虚真人」及「廣寧路」十一字。碑身有二道裂紋，因碑文殘蝕，碑文撰者及鐫刻者均不詳。

《欽定盛京通志》（阿桂等纂修，清乾隆年間刻本）、《奉天通志》（金毓黻等纂修，奉天通志局，一九三五年鉛印本）、《滿洲金石志稿》（園田一龜集録，南滿洲鐵路株式會社，一九三六年鉛印本）、《滿洲金石志》（羅福頤校録，滿日文化協會，一九三七年石印本）、《北寧市文物志》（趙傑、周洪山主編，遼寧民族出版社，一九九六年）、《遼寧碑志》（王晶辰主編，遼寧人民出版社，二〇〇二年）、《錦州市文物志》（趙振新、吴玉林主編，學苑出版社，二〇〇五年）均有著録。今據原碑照片及北鎮市考古和文物保護服務中心藏拓本録文。

碑文記元大德二年加封五鎮之祀。

加封北鎮廟碑（碑陽）　元大德二年

録文

碑陽

上天眷命，∟皇帝聖旨：五代以降，九州皆有鎮山，所以阜民生、安地德也。∟五嶽四瀆，∟先朝已嘗加封，唯五鎮之祀未舉，殆非敬恭明神之義。其加：∟東鎮沂山爲元德東安王，∟南鎮會稽山爲昭德順應王，∟西鎮吳山爲成德永靖王，∟北鎮醫巫閭山爲貞德廣寧王，∟中鎮霍山爲崇德應靈王。仍∟勑有司歲時與嶽瀆同祀，著爲定式，故玆詔示，想宜知。∟

大德二年二月∟

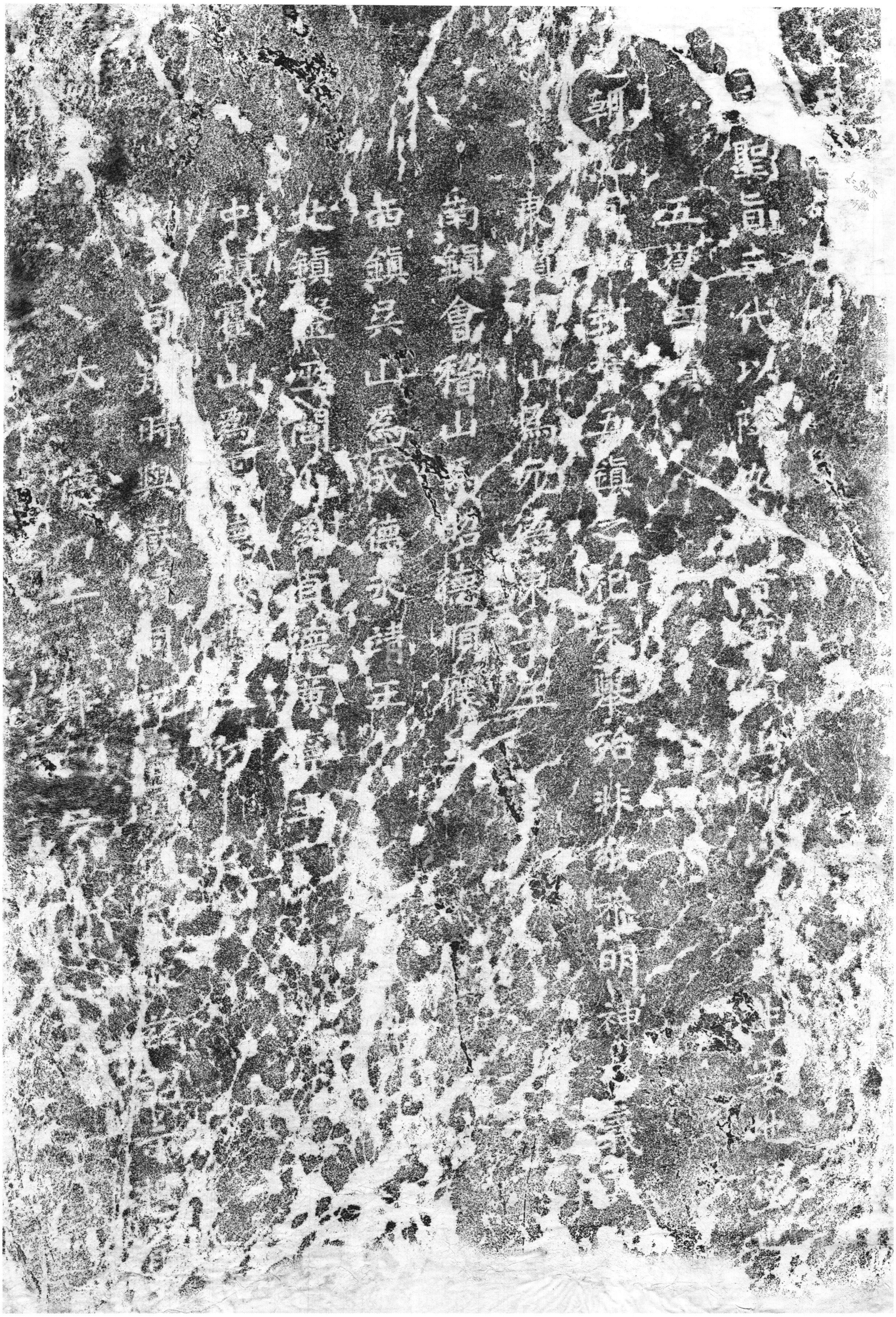

加封北鎮廟碑拓本（碑陽） 元大德二年

二 北鎮廟御香碑記

元皇慶二年

北鎮廟御香碑記，元皇慶二年（一三一三）立，現存遼寧省錦州市北鎮廟大殿内東側。碑暗紫色沉積砂岩質。碑身、首一體，碑首爲梯形，碑趺長方形。碑通高一百一十五厘米，寬八十三厘米，厚十九厘米。碑趺花崗岩石質，長八十五厘米，寬四十八厘米，高二十五厘米。碑額題楷書「御香碑記」四字；碑陽楷書，三十行，滿行三十二字；碑陰楷書，十一行，滿行十六字。虞元登撰文，耶律杲書丹并題額，康寧刊石。

《滿洲金石志稿》（園田一龜集録，南滿洲鐵路株式會社，一九三六年鉛印本）、《滿洲金石志》（羅福頤校録，滿日文化協會，一九三七年石印本）、《北寧市文物志》（趙傑、周洪山主編，遼寧民族出版社，一九九六年）、《遼寧碑志》（王晶辰主編，遼寧人民出版社，二〇〇二年）、《錦州市文物志》（趙振新、吴玉林主編，學苑出版社，二〇〇五年）均有著録。今據原碑照片及北鎮市考古和文物保護服務中心藏拓本録文。

碑陽記元仁宗於皇慶二年七月派遣廉捏綿八哈拜祭北鎮廟之經過，碑陰記參與拜祭北鎮廟之人物。

北鎮廟御香碑記（碑陽） 元皇慶二年

碑陽

録文

御香碑記㇗
廣寧路儒學學正虞元登撰㇗
承務郎、前遼陽等處行尚書省左右司都事耶律杲書丹題額㇗
嶽鎮㇗降香，㇗國有恒典。皇慶癸丑，以旱暵惟甚。㇗三宫憂軫，萬姓形于宵旰，不遑寧處。自春徂夏，屢奉㇗玉音，遣使來祭，
歲乃有秋，民獲其賴。然而㇗聖德感孚，㇗神功響荅，巳用刻彰，㇗聖天子敬恭㇗明神，㇗崇祀弗替。秋七月，又㇗特遣速古兒赤、
奉議大夫、僉山北遼東道肅政廉訪司事臣廉揑綿八哈，馳馹賚擎㇗御香、銀盒、寶幡、芝金等禮，將事于廟，實皇慶二年孟秋之
七日也。㇗神或受知，則必將資㇗國祚，清㇗皇風，俾雨暘時若，民物阜安，血食萬年，永保㇗無疆者，謹誌。㇗
皇慶二年良月二十三日立石　提領康寧刊㇗
宣武將軍、廣寧路總管府達魯花赤兼本路諸軍奧魯總管府達魯花赤管内勸農事臣那懷；㇗宣威將軍、同知廣寧府路總管府事
臣焦降；㇗承直郎、廣寧府路總管府判官臣李囿；㇗承務郎、廣寧府路總管府推官臣王顕；㇗將仕佐郎、廣寧府路總管府提控案
牘兼照磨承發架閣臣高公济；㇗忠顕校尉、蒙古軍副千户臣劉源；㇗府吏：王仲謙、張元驥、蔡仲明、劉仲澤、薛庭瑞、趙益、
李惟一、馬諒、高誠、李汝益、㇗蕭居禮、蕭仲德、尉邦傑、劉执用、韓惟德、王好謙；㇗通譯史通事重喜；譯史何忽秃不花；㇗
進義副尉、廣寧路閭陽縣達魯花赤兼本縣諸軍奧魯勸農事臣忽都怗木兒監修。㇗

北鎮廟御香碑記拓本（碑陽）　元皇慶二年

録文

碑陰

進義校尉、廣寧府路閭陽縣主簿[一]兼尉蕭猪狗兒└

典史党義└

司吏└

劉德善、潘敬、馬仲謙、陳謙└

進義校尉、廣寧府路望平縣主簿[二]兼尉劉顕└

典史李珪└

司吏└

孫士彥、王貴、鄭國榮、金粹中└

廣益庫副福住└

北鎮廟住持、提點、賓光洞玄大師張道義└

北鎮廟住持、提點、通禎希玄大師周道真└

[一] 原碑此字誤作「薄」。

[二] 原碑此字誤作「薄」。

北鎮廟御香碑記拓本（碑陰）　元皇慶二年

三　北鎮廟代祀記碑

元延祐四年

北鎮廟代祀記碑，元延祐四年（一三一七）立，現存遼寧省錦州市北鎮廟院内東側碑廊。碑青灰色沉積砂岩質，由碑首、碑身及龜趺三部分組成。碑首半圓形，雕蟠龍，高八十二厘米，寬一百四十七厘米，厚二十七厘米。碑身高二百零六厘米，寬一百一十七厘米，厚十九厘米。龜趺座長一百六十五厘米，寬一百一十厘米，高四十八厘米。碑額篆八思巴字蒙古文，二行六字，於義爲「代祀北鎮之記」；碑陽楷書，二十二行，滿行三十九字；碑陰楷書，十九行，滿行三十六字。張起巖撰文，田良佐書丹，康寧刊石。

《滿洲金石志稿》（園田一龜集録，南滿洲鐵路株式會社，一九三六年鉛印本）、《滿洲金石志》（羅福頤校録，滿日文化協會，一九三七年石印本）、《北寧市文物志》（趙傑、周洪山主編，遼寧民族出版社，一九九六年）、《遼寧碑志》（王晶辰主編，遼寧人民出版社，二〇〇二年）、《錦州市文物志》（趙振新、吴玉林主編，學苑出版社，二〇〇五年）均有著録。今據原碑照片及北鎮市考古和文物保護服務中心藏拓本録文。

碑陽記元仁宗於延祐四年派遣張起巖等代祀北鎮廟之經過，碑陰記參與代祀北鎮廟之人物。

北鎮廟代祀記碑（碑陽）　元延祐四年

録文

碑陽

代祀北鎮之記∟

醫巫閭山，奠于天東北。舜肇十有二州，已為幽州之鎮。周因之；唐開元為北鎮，爵廣寧公；宋金加王號。∟皇元奄有天下，懷柔百神，無文咸秩，矧茲山邇于∟邦畿，作鎮惟舊哉。大德二年，封貞德廣寧王，其歲祠同嶽瀆，著為定式，遣使致香幣祝册，代行祀事無缺。延∟祐丁巳，集賢修撰臣張起巖奉∟命寔來。越五月辛巳[一]，至祠所。翼日壬午丑初，禮行三獻，牲酒既潔，祭品載陳，而是夕風清氣淑，星月交輝，□∟事告成，火用胥悦。中憲大夫、廣寧路達魯花赤臣哈只、太中大夫總管臣劉元麟、奉訓大夫同知府事□∟不顔等與其祭，臣起巖伏惟∟今皇上奉若∟天道，交歡∟三靈，精誠備至，典禮畢舉，凡以屬意於黎元也。∟神其對揚，∟至仁昭報殷禮，俾年穀豐，人民阜，以壯我∟皇元萬年之祚，則神之血食，益有烈光，不其盛歟！是月十有八日癸未，賜進士及第、集賢修撰、承務郎臣張∟起巖記。∟

延祐四年六月　日，承事郎、廣寧路望平縣尹兼本縣諸軍奥魯管内勸農事臣田良佐書丹；提領康寧刊。∟中憲大夫、廣寧路總管府達魯花赤兼本路諸軍奥魯總管府達魯花赤管内勸農事兼鷹房打捕户計臣哈只立石；∟太中大夫、廣寧路總管兼本路諸軍奥魯總管管内勸農事臣劉元麟立石；∟奉訓大夫、同知廣寧路總府事臣不顔立石；∟承直郎、廣寧路總管府判官臣脱歡立石；∟承事郎、廣寧路總管府經歷臣劉益立石；∟將仕佐郎、廣寧路總管府提控案牘兼照磨承發架閣臣高公濟立石。∟監造左衙潘貴。∟

[一] 原碑此字誤作「已」。

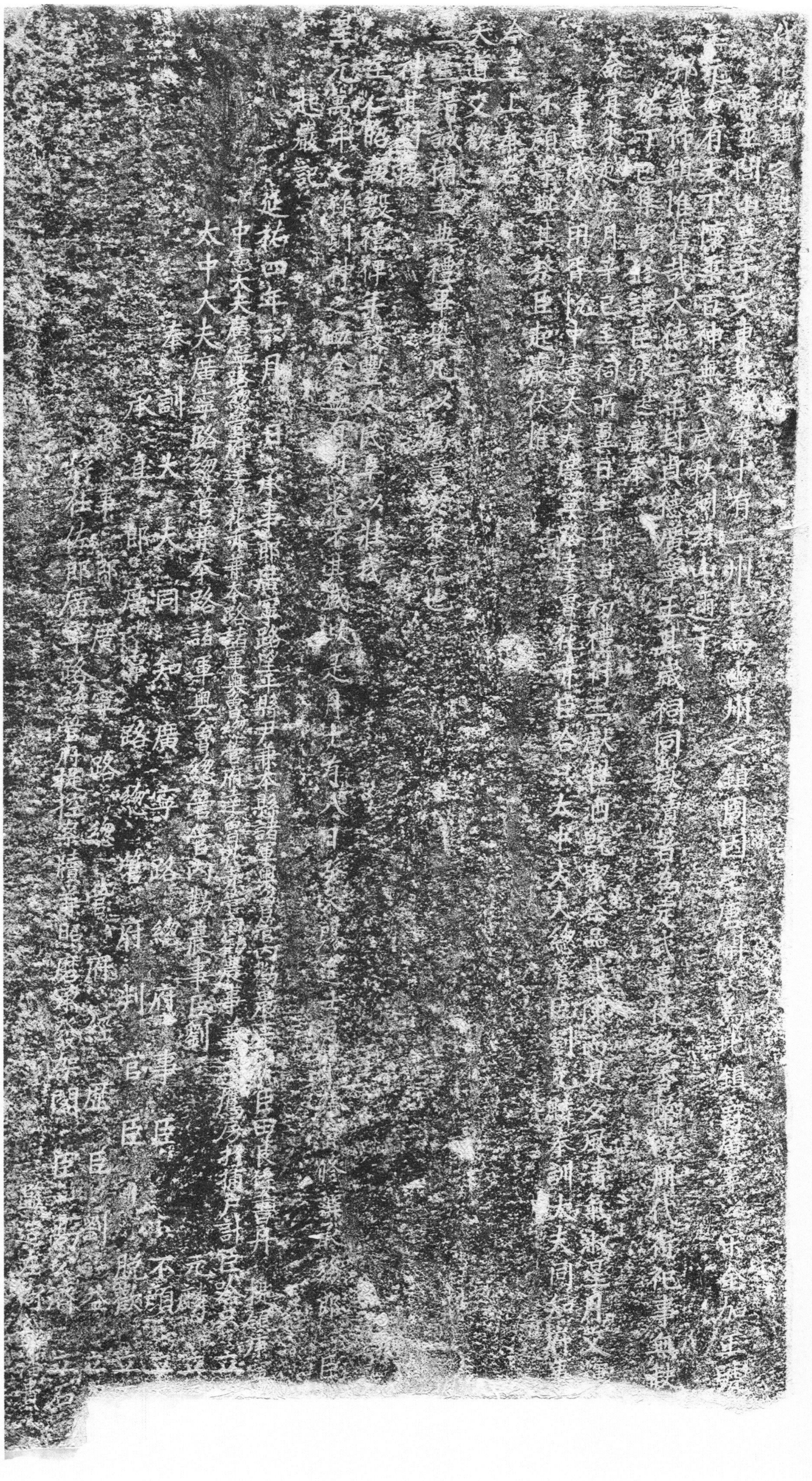

北鎮廟代祀記碑拓本（碑陽）　元延祐四年

録文

碑陰

與祭府吏：李仲温、張仲翥、趙秉質、葉仲彬、高政、吕德璘、白璧、趙偉、孟敬榮∟

馬惟則、張敬、劉嵩、李仲彬、劉德、宋彬、楊士榮∟

通事劉重喜；譯史何忽秃不花；守印典吏栢德文美∟

進義副尉、廣寧路閭陽縣達魯花赤兼管本縣諸軍奥魯勸農事忽都怗木兒∟

承事郎、廣寧路閭陽縣尹兼管本縣諸軍奥魯管内勸農事李仲惠∟

將仕郎、廣寧路閭陽縣主簿兼尉李實∟

承務郎、廣寧路望平縣達魯花赤兼管本縣諸軍奥魯管内勸農事伯荅兒∟

承事郎、廣寧路望平縣尹兼管本縣諸軍奥魯管内勸農事田良佐∟

勑授廣寧路望平縣主簿兼尉趙庭玉∟

勑授廣寧路蒙古教授司忽都不花∟

將仕佐郎、廣寧路司獄李彰；尉典白彬；尉司張楝、劉守、白彦∟

閭陽縣典史王德玉；司吏楊懋、李諤、劉珣、劉義∟

望平縣典史霍昌；司吏佟淵、王敬祖、張彬、王安禮；尉司吏□□□∟

打捕所大使米慶；副使張尹馿；典史耶律明；司吏劉資義∟

鎮冨倉監支納王翼麟；攢典趙瑀∟

廣益庫監支納任從；副使張焕；庫子王德明；攢典郭貞∟

税務提領田欽；務使高閏祥；副使郭安奴；攢典宋元∟

廣寧路儒學學正馬思敬；醫學學正張務本∟

北鎮廟住持、提點、存真大師李道和；知廟陳道明∟

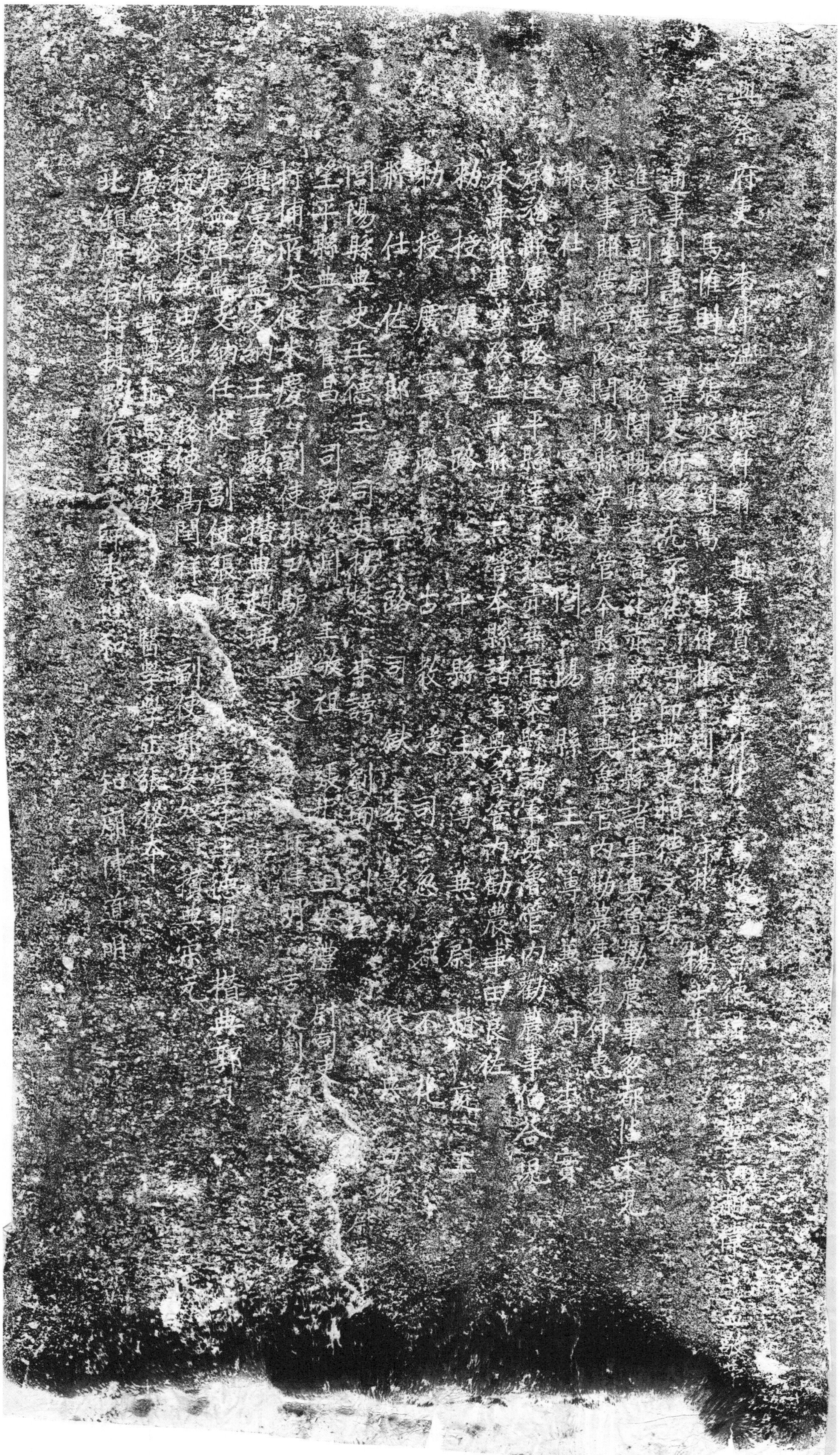

北鎮廟代祀記碑拓本（碑陰）　元延祐四年

四　北鎮廟御香碑

元至順二年

北鎮廟御香碑，元至順二年（一三三一）立，現存遼寧省錦州市北鎮廟大殿内西側。碑石灰岩質，身首一體，呈梯形。碑通高一百三十三厘米，寬九十三厘米，厚十六厘米。碑趺爲長方形，花崗岩石質，高一百一十厘米，寬七十厘米，厚三十厘米。碑額楷書「御香碑記」，二行四字；碑陽楷書，二十八行，滿行三十一字；碑陰楷書，十四行，滿行三十七字。董文淵撰文，李懋書丹，劉嵩題額，張必守温等監造，臞德忠、朱才甫刊石。

《奉天通志》（金毓黻等纂修，奉天通志局，一九三五年鉛印本）、《滿洲金石志稿》（園田一龜集録，南滿洲鐵路株式會社，一九三六年鉛印本）、《滿洲金石志》（羅福頤校録，滿日文化協會，一九三七年石印本）、《北寧市文物志》（趙傑、周洪山主編，遼寧民族出版社，一九九六年）、《遼寧碑志》（王晶辰主編，遼寧人民出版社，二〇〇二年）、《錦州市文物志》（趙振新、吴玉林主編，學苑出版社，二〇〇五年）均有著録。今據原碑照片及北鎮市考古和文物保護服務中心藏拓本録文。

碑陽記元文宗於至順二年派遣温迪罕等人代祭北鎮廟之經過，碑陰記參與此次代祭北鎮廟之人物。

北鎮廟御香碑（碑陽） 元至顺二年

録文　碑陽

御香碑記∟

蓋自上古，∟帝王之有天下，莫不詢四岳，重山川，歷代相仍，有隆無替。逮我∟皇元，奄有六合，崇封五鎮，誕脩祀典，咸秩如之，遣使有常，歲祭無越。∟今上皇帝，當宁宸中，克承祖訓，特遣邇臣集賢大學士、銀青榮禄大夫、中書平章∟政事温迪罕，∟御位下速古児赤、荅理麻等欽奉∟聖旨，馳馹賫擎∟御香白金盒一箇、紫錦幡一合、中統鈔伍定，以為致之禮，恭詣望∟北鎮貞德廣寧王神祠。於至順二年歲次辛未七月丙申朔越一日甲戍[一]，謹率∟僚屬，禮成三獻，神明来格敬用。刻石于庭，庶幾以彰∟聖德，敢昭靈威，以貽萬年不朽之示。尚賴∟神祇撫祐生靈，物育民安，永禋大鎮，誠亦∟國家之洪助也。謹誌。∟

至順二年十月　日立石∟

武德将軍、廣寧府路總管府達魯花赤兼本路諸軍奥魯達魯花赤管内勸農事臣忽禿魯怗木児；∟正議大夫、廣寧府路總管兼本路諸軍奥魯總管管内勸農事臣王八都児；∟奉政大夫、同知廣寧路總管府事臣郝質；∟昭信校尉、廣寧府路總管府判官臣哈剌章；∟承務郎、廣寧府路總管府推官臣公貞；∟承務郎、廣寧府路總管府經歷臣劉良弼；∟從仕郎、廣寧府路總管府知事臣李鐸；∟將仕郎、廣寧府路總管府提控案牘兼照磨臣孟倚衡；∟廣寧府路總管府儒學正臣董文淵撰；∟嘉議大夫、永平路總管李璵孫——廣寧路吏李懋書丹；∟中書省掾劉嵩題額；∟承務郎、廣寧府路閭陽縣尹兼本縣諸軍奥魯管内勸農事臣張必守温監造；∟住持、提點、弘道明遠安義大師雷道震，同提點王道用。∟

〔一〕原碑此字誤作「戍」。

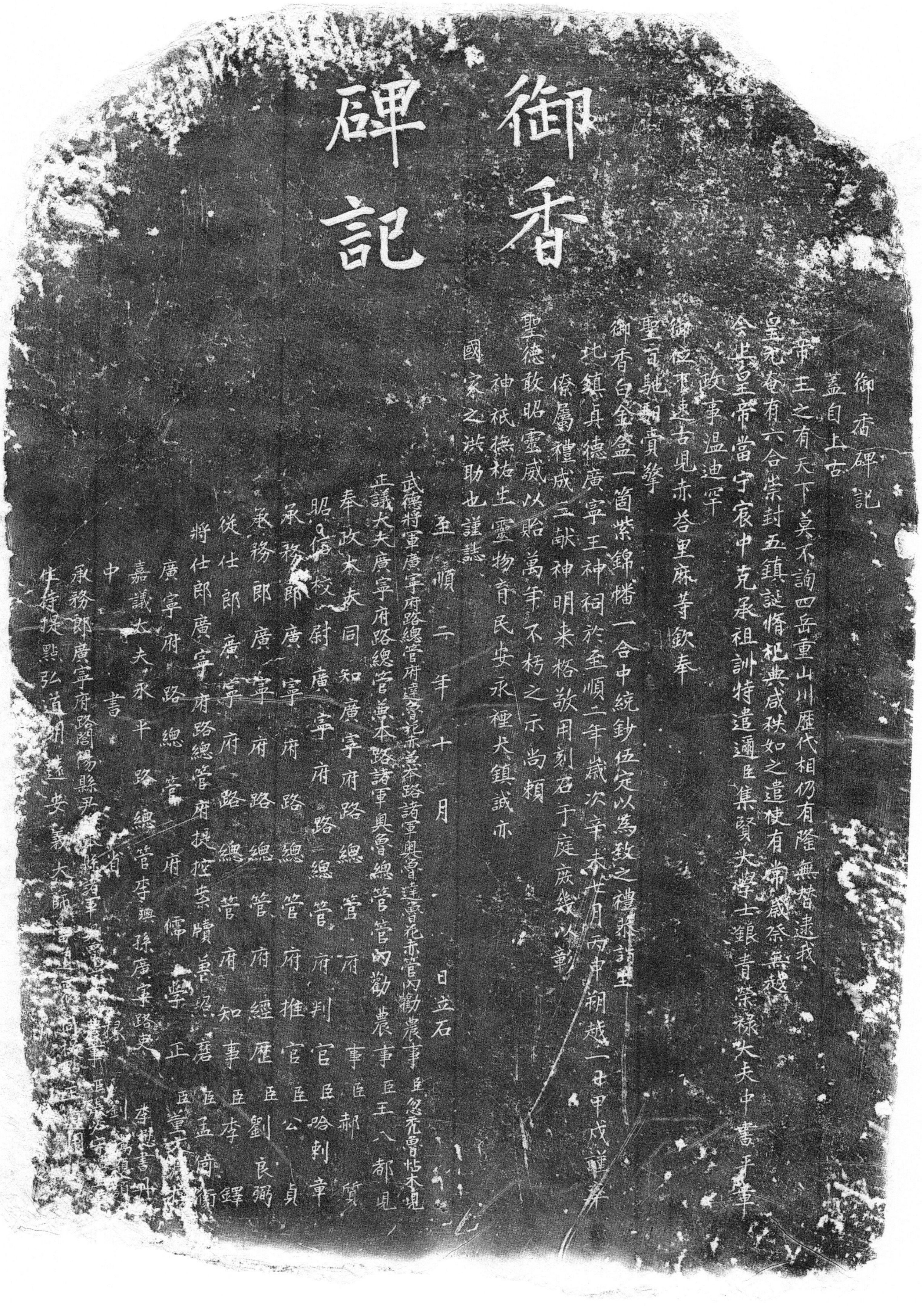

北鎮廟御香碑拓本（碑陽）　元至顺二年

録文

碑陰

本路司吏：∟
常榮祖、趙佶、李世榮、張翼善、張彬、宋守仁、佟淵∟
李賢、元德忠、高惟善、楊彬、趙曇、于忠、王義∟
邊治、劉仲質；通事王完者不花、王斌∟
閭陽縣∟
進義副尉、閭陽縣主簿臣石抹八剌古；典史劉懿；司吏秦忠、孫用祥、李恒、高恭、高津∟
望平縣∟
承務郎、廣寧路望平縣縣尹兼管本縣諸軍奥魯勸農事臣塔察兒；典史高益；司吏高敏∟
遼陽等處蒙古軍千户所∟
忠顯校尉、蒙古軍萬户府蒙古軍千户臣廉兒；忠顯校尉、蒙古軍萬户府蒙古軍千户臣劉怗木兒台∟
打捕所達魯花赤臣莽速魯∟
廣益庫官典監支納王璧；大使張不里牙禿；付〔一〕使崔君進；庫子張榮祖；攢典潘仲文∟
蒙古學教授霍察罕不花∟
鎮富倉大使石抹良傑∟
知廟関德用∟
監造左衙齊君瑞；監造閭陽縣司吏安琇；石匠提領臘德忠、朱才甫刊∟

〔一〕原碑此字作「付」，疑爲「副」之誤。

北鎮廟御香碑拓本（碑陰） 元至顺二年

五　北鎮廟御香代祀碑

元後至元五年

北鎮廟御香代祀碑，元後至元五年（一三三九）二月立，現存遼寧省錦州市北鎮廟大殿内西側。高一百五十五厘米，寬八十七厘米，厚十三厘米。碑陽楷書，二十行，滿行三十八字；碑陰楷書，十九行，滿行四十字。李齊撰文，汪之謙書丹，栢德宗懋篆額。

《奉天通志》（金毓黻等纂修，奉天通志局，一九三五年鉛印本）、《滿洲金石志稿》（園田一龜集録，南滿洲鐵路株式會社，一九三六年鉛印本）、《滿洲金石志》（羅福頤校録，滿日文化協會，一九三七年石印本）均有著録。原碑文字漫漶不清，今據上述文獻録文。

碑陽記惠宗於後至元五年派遣火魯忽達等人代祀北鎮廟之經過，碑陰記參與代祀北鎮廟之人物。

北鎮廟御香代祀碑（碑陽）　後至元五年

録文

碑陽

至元五年春正月十又七日，㇗帝御棕毛殿，㇗命内八府宰相臣火魯忽達、翰林修譔臣李齊，若曰：醫巫閭，北鎮也，爾等其代祀之，香幣儀物，一如㇗故事。臣火魯忽達、臣齊將㇗命唯謹，以二月十四日拜祭祠下。牲醴粢盛，既旨且蠲。行事之晨，星月相照，羣山若環侍然者，靈飈㇗颯然，神其格享也。祀事告成，神民胥悦，猗歟盛哉！臣竊以為醫巫閭在遼海，上以禮經攷之，實幽㇗州之鎮，我㇗國家根本繫焉。㇗帝之誠之敬，臣等實將之，神其相我㇗元，其康阜兆民，其雨暘以時；年豐而時和，災弭而刑無所用也，猗歟盛哉！與祭者㇗遼陽行省蒙古必闍赤檀讓、廣寧府路官屬咸在焉。賜進士及第、翰林修譔、承務郎、同知制誥㇗兼國史院編修官李齊記，開元路五投下總管府儒學正汪之謙書丹，前開元路咸平府儒學㇗正栢德宗懋篆額。㇗

勑授廣寧府路總管府提控案牘兼照磨承□架閣臣杜彦明；㇗將仕佐郎、廣寧府路總管府知事臣扈端；㇗承務郎、廣寧府路總管府推官臣杜祥；㇗承務郎、廣寧府路總管府判官臣脱火赤；㇗奉議大夫、同知廣寧府路總管府事臣伯都；㇗太中大夫、廣寧府路總管兼本路諸軍奧魯總管管内勸農事臣李□。㇗

至元五年二月吉日建㇗

北鎮廟御香代祀碑（碑陰）　後至元五年

録文

碑陰

本路司吏通譯史：∟

逯諒、張允、王恪、劉巨源、趙誠、郭珎、曹□、温敦德柔、趙□、鄭彦弼 ∟

高鼎、楊益、王弼、馮良弼、楊榮、秦誼、乃蠻歹、伯顔察兒∟

管軍官：∟

昭信校尉、遼陽等處蒙古軍千户所達魯花赤耶律魯∟

忠顯校尉、遼陽等處蒙古軍千户所千户石林禄兒∟

昭信校尉、遼陽等處蒙古軍千户所副千户劉怗木台兒∟

提領案牘白文良；司吏孟輔、楊彬、孫英、李怕∟

特旨住持、提點、凝虚安静崇妙大師李玄榮；知廟史德榮；提舉王道復∟

儒學正趙瑞；學録姚文璫；教諭張恭、顔利達∟

廣寧等處蒙古軍萬户府儒學正張元美∟

勑授廣寧路蒙古字教授賈瑋；陰陽教授王顯；醫學正楊禎∟

保義校尉、廣寧路司獄王存璧；典史董簡∟

將仕佐郎、廣寧路閭陽縣主簿兼尉塔海怗木兒；典史姚祐輔；司吏□資、□整、王守謙、劉世亨；尉吏李彬∟

勑授廣寧路望平縣主簿兼尉范汝濟；典史李世榮；司吏白文質、王守仁、李謙；尉吏劉忠∟

打捕所達魯花赤魯思不花；大使劉□家□；院務提領霍任文；使張濟；副武德∟

廣益庫監納王柔剋；副朵烈禿；庫子毛文舉；攢典張温；鎮富倉攢典劉振∟

監工路吏李德；本路首領高欽、楊甫、張得、□□∟

石匠提領臞德忠刊；朱□、□□∟

六 北鎮廟御香碑

元至正二年

北鎮廟御香碑，元至正二年（一三四二）立，現存遼寧省錦州市北鎮廟大殿内東側。碑額與碑身為一體，無座。碑通高一百一十九厘米，寬七十四厘米，厚十五點五厘米。碑額圓形，篆書「御香碑記」，二行四字；碑陽楷書，二十五行，滿行三十八字；碑陰楷書，十九行，滿行四十一字。王達撰文，栢德宗懋書丹并篆額，臞德忠刊石。

《奉天通志》（金毓黻等纂修，奉天通志局，一九三五年鉛印本）、《滿洲金石志稿》（園田一龜集録，南滿洲鐵路株式會社，一九三六年鉛印本）、《滿洲金石志》（羅福頤校録，滿日文化協會，一九三七年石印本）、《北寧市文物志》（趙傑、周洪山主編，遼寧民族出版社，一九九六年）、《遼寧碑志》（王晶辰主編，遼寧人民出版社，二〇〇二年）、《錦州市文物志》（趙振新、吴玉林主編，學苑出版社，二〇〇五年）均有著録。今據原碑照片及北鎮市考古和文物保護服務中心藏拓本録文。

碑陽記惠宗於至正二年派遣木八剌沙等人代祀北鎮廟之經過，碑陰記參與此次代祀北鎮廟之人物。

北鎮廟御香碑（碑陽） 元至正二年

録文

碑陽

皇帝臨御區宇，纘承ㄴ列聖之丕基，操百王莫繼之權，服自古不臣之國；恩威竝著，斂福錫民，雨暘以ㄴ時，年穀屢登，四方無可虞度之事，已十餘載矣。實至正二年壬午也，迺遣ㄴ蒙古翰林院學士、資善大夫臣木八剌沙，翰林國史院侍讀學士、知ㄴ制誥同修國史、中奉大夫臣禿堅里不花，躬奉名香，函以銀盒，仍畀錦ㄴ幡二、楮幣伍伯緡，馳馹詣ㄴ北鎮貞德廣寧王祠，以代祀事。是歲二月戊辰出都，越三月己卯至祠下，ㄴ明日庚辰丑時舉祀事。臣木八剌沙行初獻，臣禿堅里不花行亞獻，廣寧ㄴ府路總管臣李咬住行終獻。是夕也，天朗氣清，象緯森嚴，星河微轉，曙色ㄴ始分，而三獻之禮已[一]成矣。ㄴ神歆肅恭，徹饌闔門，衆官欽受福胙而退，敬命工刊祝文于石，以播揚ㄴ聖天子報効之美意。俾神靈其永茂，建我ㄴ皇元萬世無疆之福祚也。祝曰：ㄴ靈鎮朔方，秩亞恒嶽。潛蘇萬物，默運化機。爰遣使臣，聿修祀典。尚安地德，ㄴ固我ㄴ皇基。

至正二年三月　日立石ㄴ

正議大夫、廣寧府路總管兼本路諸軍奥魯總管管內勸農事臣李咬住；ㄴ奉議大夫、同知廣寧府路總管府事臣忽都剌；ㄴ承德郎、廣寧府路總管府判官臣忽先；ㄴ承務郎、廣寧府路總管府推官臣郭□□；ㄴ將仕郎、廣寧府路總管府知事臣金明善。ㄴ勑授廣寧府路儒學教授臣王達譔。ㄴ開元路咸平府儒學正栢德宗懋書并篆額。ㄴ北鎮廟住持、提點、保眞玄素明遠大師徐道寧，ㄴ路吏戴惟勤監造。石匠提領膗德忠刊。ㄴ

[一] 原碑此字誤作「巳」。

北鎮廟御香碑拓本（碑陽）　元至正二年

録文

碑陰

與祭官吏：∟
本路司吏：通事秃哥里不花∟
李文舉、張資、王良佐、趙仲偉、許有政、王甫、趙慶、戴惟勤∟
榮節、王逸民、賈允成、安成、趙溥、趙光輔、崔仲實、司政∟
忠顯校尉、遼陽等處蒙古軍千户所千户石抹禄兒∟
昭信校尉、遼陽等處蒙古軍千户所副千户劉怗木兒台；提領案牘白文良∟
司屬：∟
承事郎、廣寧府路閭陽縣尹兼本縣諸軍奥魯管内勸農事趙滅兒吉歹∟
勑授廣寧府路閭陽縣主簿兼尉石抹伯顔∟
廣寧府路閭陽縣典史張進；司吏張鼎新、楊從禮、李仲明、田仲傑；尉司李義∟
進義校尉、廣寧府路望平縣主簿兼尉完顔探哈∟
廣寧府路望平縣典史葉仲義；司吏王彬、劉仲良、王益、劉彦温；尉司曲彬∟
保義校尉、廣寧府路司獄王存璧；典吏馬敬春∟
儒學教授王逵；學正逯仁；學録楊世英；教諭古文郁；教諭孫彦良∟
陰陽教授王顕；惠民局提舉郭君祐∟
打捕所達魯花赤也先不花；大使高吾魯歹；司吏張彬、袁資∟
廣益庫監支納何仕傑；大使陳理謙；付[一]使吴仲整；庫子李益；攢典李□∟
鎮富倉大使劉文義；副使張思齊；攢典枚文遠∟
院务提領郭安奴；大使王甫；攢典吴整∟
閭山站提領馬得成∟

[一] 原碑此字作「付」，疑爲「副」之誤。

北鎮廟御香碑拓本（碑陰） 元至正二年

七　北鎮廟御香代祀記

元至正三年

北鎮廟御香代祀記，元至正三年（一三四三）立，現存遼寧省錦州市北鎮廟大殿内東側。碑石灰岩質，首、身一體，碑身邊框浮雕花葉紋帶。碑通高一百零六厘米、寬七十二厘米、厚十一點五厘米。碑首額題楷書「御香碑記」四字；碑陽楷書，二十五行，滿行二十六字；碑陰楷書，二十二行，滿行二十九字。

《滿洲金石志稿》（園田一龜集録，南滿洲鐵路株式會社，一九三六年鉛印本）、《滿洲金石志》（羅福頤校録，滿日文化協會，一九三七年石印本）、《北寧市文物志》（趙傑、周洪山主編，遼寧民族出版社，一九九六年）、《遼寧碑志》（王晶辰主編，遼寧人民出版社，二〇〇二年）、《錦州市文物志》（趙振新、吴玉林主編，學苑出版社，二〇〇五年）均有著録。今據原碑照片及北鎮市考古和文物保護服務中心藏拓本録文。

碑陽記惠宗於至正三年派遣黑閭等人代祀北鎮廟之經過，碑陰記參與代祀北鎮廟之人物。

北鎮廟御香代祀記（碑陽） 元至正三年

録文

碑陽

北鎮廟代祀記ㄴ

若稽我ㄴ聖元之肇造區宇，削平天下也。舟車所至，人力所通，天之所覆，地之所ㄴ載，日月所照，霜露所墜，莫不尊親，以ㄴ聖繼聖，制度大備。於是嶽鎮海瀆之□致祭，歲以為常，著爲令典。至正ㄴ癸未，屬ㄴ皇上臨御之十年也，遣翰林學士、亞中大夫臣黑閭，集賢學士臣阿魯ㄴ輝，賫錦幡二、銀盒一，貯以異香，仍以楮幣伍伯緡，馳逐馹，暨二月ㄴ廿一日至。自京都敬造ㄴ北鎮廣寧王祠下，以代祀事。□□□夜，子末丑初行禮，牲體肥腯，籩ㄴ豆簠簋，秩然有序。登降□□，□□□禮，三獻迭行，誠意肅恭。ㄴ神歆厥誠，風妥雲靜，星月□□，□既成矣。徹祝幣祭饌，焚瘞於殿ㄴ之西北。維使臣黑閭等率衆□闔門而退，遂命工伐石，以紀其事。ㄴ用永祈於ㄴ明神，福佑我ㄴ聖朝，繼繼承承，于億萬古之鞏固也。ㄴ

至正三年十月　日立石ㄴ

廣寧路總管府司吏李衛□；ㄴ制授廣寧路北鎮廟住持、提點、疑虛安靜崇□；ㄴ敕授廣寧府路儒學□□□□建；ㄴ将仕郎、廣寧府路總管府知事金明善；ㄴ承務郎、廣寧府路總管府推官郭仲；ㄴ承德郎、廣寧府路總管府判官帖忽禿；ㄴ奉議大夫、同知廣寧府路總管府事□□都柱；ㄴ亞中大夫、廣寧府路總管兼本路諸軍奥魯總管管□。ㄴ

北鎮廟御香代祀記拓本（碑陽） 元至正三年

録文

碑陰

與祭□□：∟

□□德、許有□、陳□□、王□、孫□□、□□∟

王□、李□、趙溥、王克祥、崔仲□∟

□□□、布里不花∟

忠顯校尉、遼陽等処蒙古軍千户所千户石抹禄兒∟

昭信校尉、遼陽等処蒙古軍千户所付[一]千户劉帖木兒台；提領案牘白文良∟

司屬：∟

勑授廣寧路閭陽縣達魯花赤兼管本縣諸軍奥魯勸農事巴楼∟

承事郎、廣寧路閭陽縣尹兼管本縣諸軍奥魯勸農事李吉榮∟

勑授廣寧路閭陽縣主簿兼尉石抹伯顔∟

閭陽縣典史杜仲謙；司吏□□、□資禄、劉君義、王守誠、□□；司吏□□∟

進義校尉、廣寧路望平縣□□□顔□簽∟

望平縣典史李賢、□□□、王温、劉義、田□；尉司吏白□∟

打捕所達魯花赤也先不花∟

勑授廣寧府路儒學教授王□□；教諭孫益謙；學正趙景原；教諭李思忠∟

蒙古字學正焦仲邦；惠民局提舉郭君祐∟

廣益庫官典監支納嚴惟忠；大使陳礼謙；付[二]使呉仲整；庫子李益；攢典孫兗典∟

勑授廣寧路陰陽教授王顕；學録韓進；醫學學録王□；教諭郭伯顔∟

鎮富倉官典大使劉文義；付[三]使□□通；攢典李仲彬∟

[一] 原碑此字作「付」，疑爲「副」之誤。

[二] 原碑此字作「付」，疑爲「副」之誤。

[三] 原碑此字作「付」，疑爲「副」之誤。

院務官典提領、候选大使王甫；付〔一〕使吳才甫；攢典吴整∟

司獄司典吏李原∟

閭山站提領馬淂成；司吏楊資荣∟

北鎮廟知廟王甫淂；□□□□∟

廣寧路石匠提領臛淂忠刊；提領朱才甫∟

〔一〕原碑此字作「付」，疑爲「副」之誤。

北鎮廟御香代祀記（碑陰） 元至正三年

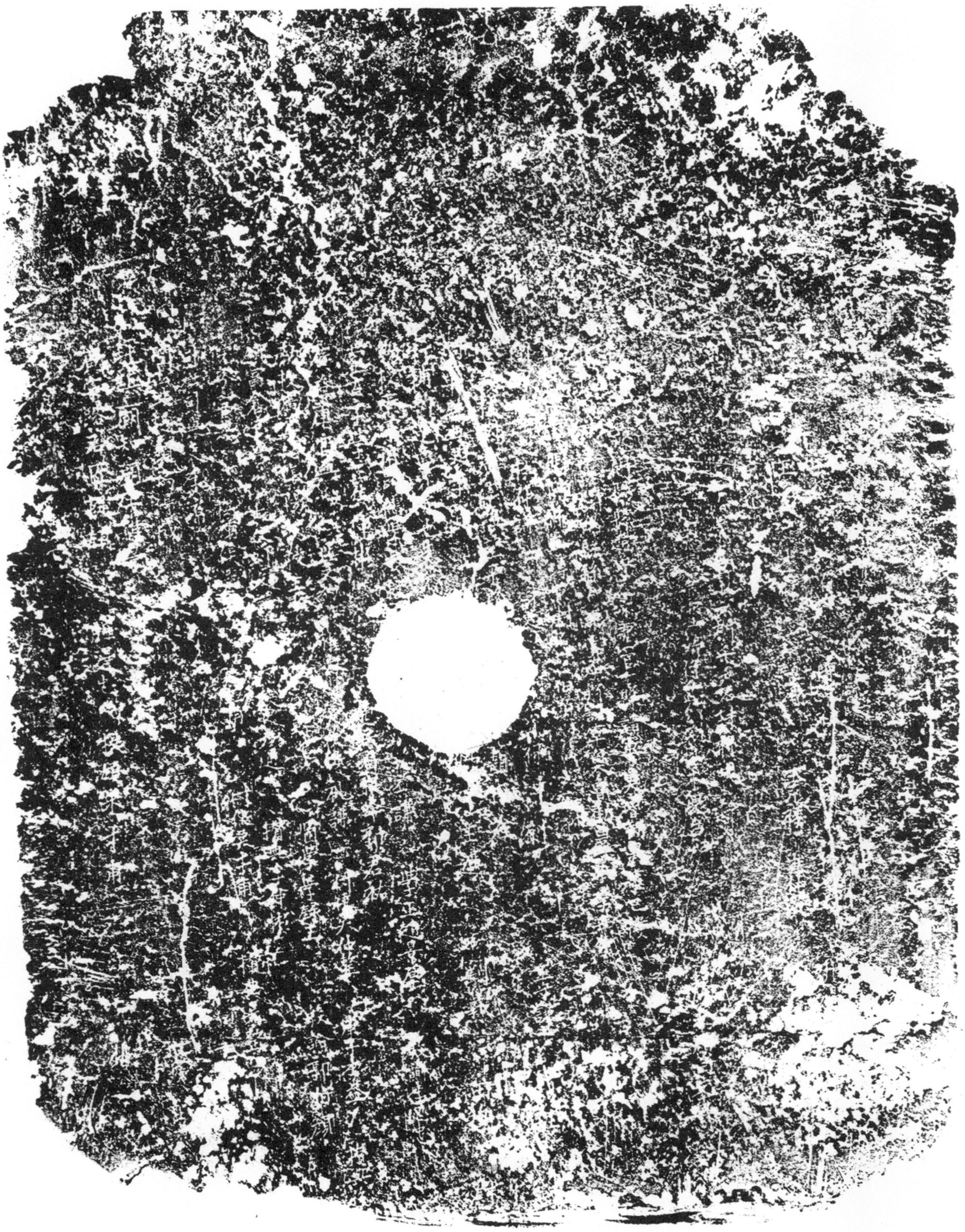

北鎮廟御香代祀記拓本（碑陰） 元至正三年

八 北鎮廟御香代祀碑

元至正五年

北鎮廟御香代祀碑，元至正五年（一三四五）三月立，原存遼寧省錦州市北鎮廟，今下落不明。高一百七十厘米，寬一百一十三厘米。碑陽楷書，二十六行，滿行三十八字；碑陰楷書，二十五行，滿行二十六字。

《滿洲金石志稿》（園田一龜集録，南滿洲鐵路株式會社，一九三六年鉛印本）、《滿洲金石志》（羅福頤校録，滿日文化協會，一九三七年石印本）均有著録。今據上述文獻録文。

碑陽記惠宗於至正五年派遣寶童等人代祀北鎮廟之經過，碑陰記參與代祀北鎮廟之人物。

録文

碑陽

代祀北鎮□□⌞

欽惟⌞皇元混一區宇，表正萬邦，垂拱仰成，用集大命，格于⌞祖考，敬恭明神，惟德動天，無遠弗届。⌞今上皇帝嗣大歴服，丕顯丕承，寛厚仁慈，明良慶會，萬幾之暇，燕處穆清，至誠感神，恭默思道，克明⌞禋祀，用敷錫厥庶民。乃若名山大川，海鎮嶽瀆，厥有常典，靡不將祼。至正乙酉三月初吉，⌞特遣翰林待制、奉訓大夫臣寳童，太虚玄静明妙眞人臣王天助，欽齎⌞御香、寳幡、信金，儀禮率循舊章，代祀致祭于⌞北鎮貞德廣寧王前。鎮守土官齋潔嚴莊，陳列俎豆，禮謹三獻，容止可觀，照徹誠敬，咸秩無文，⌞眞人中心静虚，潛孚至意。是宵澄夕霽，星宿郎明達曙，瑞靄祥雲，彌綸天紀，庶臻嘉應，罔不悦⌞孚。且夫用志不分，從容中道，可以贊⌞天地之化育，可以導⌞國家之禎祥，保合大和，允府元吉。矧茲北鎮久已著靈，斯乃丕克時歆，益緜⌞景運，惠徼繁祉，溥福邦家，豈非至誠之道之所致歟？⌞

至正五年歲次乙酉春三月吉日⌞

亞中大夫、廣寧府路總管兼本路諸軍奥魯總管管内勸農事臣□□□春；⌞武德將軍、同知廣寧府路總管府事臣大都閭；⌞奉直大夫、廣寧府路總管府判官臣任繼□；⌞徵事郎、廣寧府路總管府經歷臣武得□；⌞將仕郎、廣寧府路總管府知事臣□⌞敕授廣寧府路儒學教授□⌞廣寧府路儒學正□⌞廣寧路閭陽縣儒學教諭□⌞北鎮住持、提點、廣道安静通真大□⌞路吏李銜監造。⌞石匠提領德□□刊。⌞

録文　碑陰

與祭人屬官吏：∟
本路司吏：通事禿哥不花；執印司吏趙光輔∟
王德、曹惟禮、高翔、盧宗□、張彬、王克祥、趙謙、賈士琬∟
姚温、周欽祖、胡璧、王有恒、李衛、王秉直、李德、李智∟
昭信校尉、遼陽等處蒙古軍千户所達魯花赤耶律鎖南；提領案牘劉仲温∟
忠顯校尉、遼陽等處蒙古軍千户石抹禄兒；司吏孟輔、李恒、白吉英∟
昭信校尉、遼陽等處蒙古軍千户劉怙木兒台∟
勑授廣寧路閭陽縣達魯花赤兼本縣諸軍奥魯勸農事阿里沙∟
承事郎、廣寧路閭陽縣縣尹兼本路諸軍奥魯勸農事李吉荣∟
勑授廣寧路閭陽縣主簿兼尉和尚；尉司吏李亨∟
典史劉汝楫；司吏劉珏、朱顯、劉敬、武益明、馬敬∟
勑授廣寧路望平縣達魯花赤兼本縣諸軍奥魯勸農事木薛飛兒∟
從仕郎、廣寧路望平縣縣尹兼本縣諸軍奥魯勸農事周必失温∟
進義校尉、廣寧路望平主簿兼尉完顔探哈；司獄司典李源∟
典史李賢；司吏蘇儀、劉輔、李義、馬仲良∟
儒學教授賈汝恭；學正董麟；學録楊源；教諭張敬、李儀薄；直學朱慶∟
蒙古學正焦伯燕怙木兒；譯史劉伯顔不花∟
惠民局提舉郭君祐；陰陽教諭董士英、郭伯顔；醫學録王伯端∟
經歷司典陳克敬、劉義、孫彦禮∟
常平倉王道英、康濟；攢典田珎∟
廣益庫庫子劉君義；攢典李元∟
鎮富倉劉□義；石匠提領朱彦誠∟
院務：∟
打捕所副提轄、中和廣德大師門道興∟
雷德□、周惟□、馬惟□、李進童∟

九 北鎮廟御香代祀記

元至正六年

北鎮廟御香代祀記，元至正六年（一三四六）立，現已斷裂數塊。一九八一年，當地文物部門將其修復，現存遼寧省錦州市北鎮廟大殿内東側。碑青色沉積砂岩質，首、身一體。碑通高一百四十九厘米，寬八十四厘米，厚十三厘米。碑首額題隸書「御香之碑」，二行四字；碑陽楷書，二十七行，滿行三十八字；碑陰楷書，二十二行。張元美撰文，董麟題額，張敬書丹，臛德忠、朱彦成刊石。

《滿洲金石志稿》（園田一龜集録，南滿洲鐵路株式會社，一九三六年鉛印本）、《滿洲金石志》（羅福頤校録，滿日文化協會，一九三七年石印本）、《北寧市文物志》（趙傑、周洪山主編，遼寧民族出版社，一九九六年）、《遼寧碑志》（王晶辰主編，遼寧人民出版社，二〇〇二年）、《錦州市文物志》（趙振新、吴玉林主編，學苑出版社，二〇〇五年）均有著録。今據原碑照片及北鎮市考古和文物保護服務中心藏拓本録文。

碑陽記惠宗於至正六年派遣囊嘉歹等人代祀北鎮廟之經過，碑陰記參與代祀北鎮廟之人物。

北鎮廟御香代祀記（碑陽） 元至正六年

録文

碑陽

御香代祀記⌞

考諸《周禮・職方氏》所載，舜封十有二山，惟東北方醫無閭山，星分尾箕之野，爲幽州之鎮，歷代祀⌞享，有隆無替。迨我⌞皇元，崇秩貞德王號，⌞列聖嚴禋，比之累代褒封欽重者，實主鎮幽州之境，⌞皇都京畿係焉。迺我⌞國家根本元氣之地，較之異方山鎮，尤爲緊且重焉。逮暨⌞今天子丕承洪基，纘服舊章，臣妾亘古之域，不以⌞宸極崇高爲樂，常以生民饑饉爲憂，堯舜存心，殆不是過。是以兆民樂業，四海無虞，迄今十有餘載⌞矣。至正六年丙戌〔一〕歲，迺遣中憲大夫、廣恵寺少卿臣囊嘉歹，集賢修譔、承務郎臣忽都帖木兒，欽⌞齎名香、祝冊、錦旛、銀盒、幣縃，馳馹代祀而來。是歲春三月戊申日乙丑時，恭詣⌞北鎮貞德廣寧王祠下，舉祀事；臣囊嘉歹等行獻禮。是夕，雲天開霽，河漢舒輝，星兊交粲，風勢動⌞微。須臾，曙色分而神靈歆，獻禮成而朙祀畢。覩兹勝事，宜以紀述，垂示後世，且系之辭曰：⌞醫無閭鎮，虞舜封之。配嶽以恒，主宰朔方。歷代崇祀，率由舊章。神靈赫奕，立德昭彰。祐兹庶物，輔⌞國無疆。⌞

至正六年春三月　日立石⌞

武德將軍、同知廣寧府路總管府事臣大都閭；⌞奉直大夫、廣寧府路總管府判官臣任允；⌞徵事郎、廣寧府路總管府經歷臣武得善；⌞將仕郎、廣寧府路總管府知事臣趙亨。⌞勑授廣寧府路儒學教授張元美撰文。⌞廣寧府路儒學正董麟題額。⌞廣寧府路閭陽縣儒學教諭張敬書丹。⌞北鎮住持、提點、廣道通眞大師劉道普；⌞提調路吏王德；監造路吏王善。⌞石匠提領朧德忠刊；⌞石匠提領朱彦成刊。⌞

〔一〕原碑此字誤作「戊」。

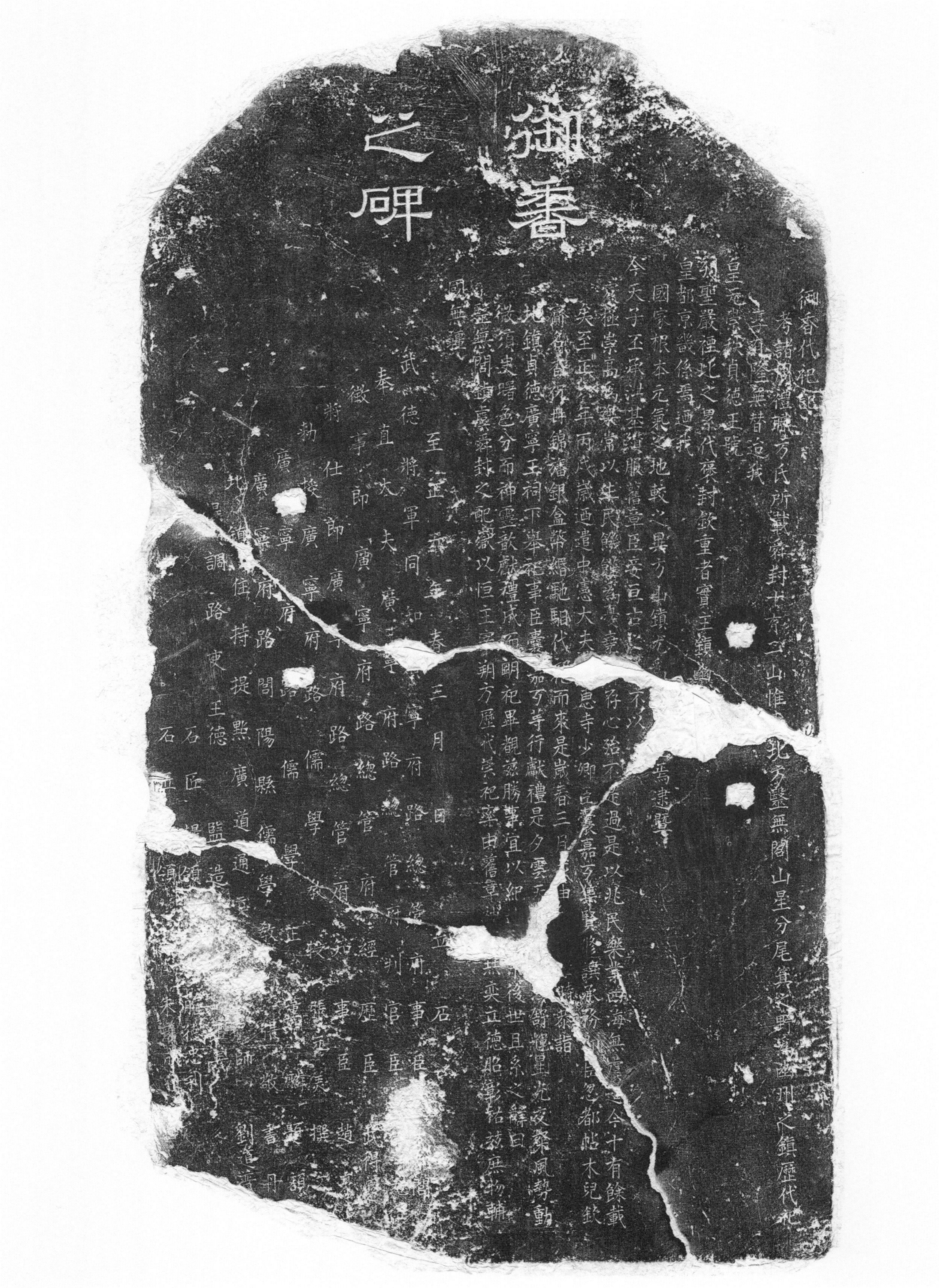

北鎮廟御香代祀記拓本（碑陽）　元至正六年

碑陰

録文

與祭路吏：└
王德、高翔、曹惟新、姚温、周欽祖、張德、張俊彦、盧宗讓、張彬、楊義└
王智、趙謙、王有恒、王克祥、徐俊德、王秉直、胡璧└
通事趙不花；知印趙光輔；典吏陳克敬、劉士益；司獄司典└
司屬：└
勑授廣寧路閭陽縣達魯花赤兼本縣諸軍奥魯勸農事阿里沙└
承事郎、廣寕路閭陽縣尹兼本縣諸軍奥魯勸農事李世榮└
勑授廣寕路閭陽縣主簿[一]兼尉和尚└
典史高文秀；司吏劉珏、李景文、盧進、劉振、李克道└
勑授廣寕路望平縣達魯花赤兼本縣諸軍奥魯勸農事木薛飛兒└
從仕郎、廣寕路望平縣尹兼本縣諸軍奥魯勸農事周必失温└
進義副尉、廣寕路望平縣主簿[二]兼尉石抹伯顏└
典史趙誠；司吏張庸、杜吉成、張進、元秉彝└
儒學教授張元美；學正董麟；學録姚彬；教諭張敬、金澤；直學王□祖└
蒙古字學正焦伯顏不花；學司姜羆└
惠民局醫工郭君祐└
廣益庫監納李英；庫使武叔嚴、魏信；庫子李元；攢典劉禮└
稅使司提領魏義；大使扈給贍奴；付[三]使塔顏察兒└
常平倉官王道英、康濟└
鎮富倉大使劉義└
閭山驛提領張仲温└
北鎮知廟雷德信、周惟新、馬惟安、李進童；監造首領劉信甫└
打捕所大使高兀魯歹└

〔一〕原碑此字誤作「薄」。
〔二〕原碑此字誤作「薄」。
〔三〕原碑此字作「付」，疑爲「副」之誤。

北鎮廟御香代祀記拓本（碑陰）　元至正六年

一〇　北鎮廟御香代祀記

元至正七年

北鎮廟御香代祀記，元至正七年（一三一七）立，現存遼寧省錦州市北鎮廟大殿内西側。碑青灰色沉積砂岩質，由碑首、碑身及龜趺三部分組成。碑首半圓形，雕蟠龍，高八十二厘米，寬一百四十七厘米，厚二十七厘米；碑身高二百零六厘米、寬一百一十七厘米、厚十九厘米；龜趺座長一百六十五厘米、寬一百一十厘米、高四十八厘米。碑首額題隸書「御香之碑」，四行四字；碑陽楷書，二十二行，滿行三十九字；碑陰楷書，十九行，滿行四十三字。張元美撰文，姚彬題額，董理書丹，朱彦成刊石。

《北鎮縣志》（王文璞等纂修，一九三三年石印本）、《奉天通志》（金毓黻等纂修，奉天通志局，一九三五年鉛印本）、《滿洲金石志稿》（園田一龜集録，南滿洲鐵路株式會社，一九三六年鉛印本）、《滿洲金石志》（羅福頤校録，滿日文化協會，一九三七年石印本）、《北寧市文物志》（趙傑、周洪山主編，遼寧民族出版社，一九九六年）、《遼寧碑志》（王晶辰主編，遼寧人民出版社，二〇〇二年）、《錦州市文物志》（趙振新、吴玉林主編，學苑出版社，二〇〇五年）均有著録。今據原碑照片及北鎮市考古和文物保護服務中心藏拓本録文。

碑陽記惠宗於至正七年派遣理伯奴等人代祀北鎮廟之經過，碑陰記參與代祀北鎮廟之人物。

北鎮廟御香之碑（碑陽） 元至正七年

録文

碑陽

御香代祀記㇗

醫巫閭在舜封十有二山之一，其神秩祀于㇗天子尚矣。唐以山為北鎮神，封廣寧公；宋升王號。㇗皇元龍興朔土，是鎮首在邦域之中。混一以來，視他鎮尤為密邇，加封㇗貞德廣寧王，歲一遣使致祭，知所夲哉。至正七年春二月，㇗天子函香祝冊，賜錦幡、泉幣，遣內八府宰相臣理伯奴、翰林待制臣也先㇗不花，以廿二日乙未代祀祠下。使命恭肅，守臣服勤，群僚戢事，莫不㇗洗心滌慮，以巽感通。三獻之際，異香芬苾，工樂奏和，祥飈旋庭，星漢㇗動色，凛乎如見㇗王靈之歆享。祀禮既成，雨暘應時，庶類蕃殖，神之介福，其在是欤！夫㇗幽明之故，昭格之理，在乎一誠之孚達爾。謹擴梗槩，文之堅珉，後之㇗覽者，將有考焉。㇗

至正七年六月　日立石㇗

武德將軍、同知廣寧府路總管府事臣大都閭；㇗奉直大夫、廣寧府路總管府判官臣任允；㇗徵事郎、廣寧府路總管府經歷臣武得善；㇗將事佐郎、廣寧府路總管府知事臣趙亨；㇗勅授廣寧府路儒學教授張元美撰文。㇗廣寧府路儒學學録姚彬篆額。㇗廣寧府路閭陽縣儒學教諭董理書丹。㇗北鎮住持、提點、廣道通真大師劉道普。㇗石匠提領朱彥成刊。㇗

北鎮廟御香之碑拓本（碑陽）　元至正七年

録文 碑陰

與祭官吏：∟
路吏曹惟礼、王善、王欽、張驥、張俊彦、芦宗讓、王智、楊義、王禎∟
張彬、王有恒、崔質、劉巨源、張仲彬、孟克讓、寇仲德、陳整、趙良、玄仁敬∟
通事趙不花；譯史趙怗古思；監造路吏曹澤；縣吏支選、芦進；首領楊∟
路儒學教授張元美；學正董麟；學録姚彬；教諭董理；教諭金澤；學直高信；學司姜羆∟
遼陽等處蒙古千户所官吏：武畧將軍、蒙古軍千户所達魯花赤耶律唆南；昭信校尉、蒙古軍使千户石抹禄兒∟
武畧將軍、蒙古軍副千户劉怗木兒；提領案牘孫諒；司吏孟輔、李恒、白古英、延仲礼∟
司屬閭陽縣官吏：∟
達魯花赤阿里沙；縣尹李世榮；主簿和尚；典史高文秀；司吏王德昭、李景文、王荣祖、王益；尉司吏郭伯雄∟
望平縣官吏：∟
達魯花赤木薛飛兒；縣尹必失温；主簿石抹伯顔；典史趙誠；司吏吳禩、李義、蘇仲明、元秉益、陳克敬、王彦佐∟
蒙古學正高也先∟
陰陽教授薛士儀；惠民局提舉郭君祐∟
打捕所官吏：達魯花赤台罕；大使高吾魯歹∟
常平倉官高翔、張德；攢典孫彦通∟
鎮撫倉官劉文義∟
廣益庫官武叔嚴、魏信；庫子趙英；攢典張庸∟
院务官魏義、扈給贍奴、塔海察兒∟
經歷司典吏馬彦美、劉士益∟
北鎮廟知廟雷德信、尹道遠；殿主周惟新、馬惟安　李進童∟

北鎮廟御香之碑拓本（碑陰） 元至正七年

一一 北鎮廟代祀記

元至正八年

北鎮廟代祀記，元至正八年（一三四八）立，現存遼寧省錦州市北鎮廟大殿内東側。碑石灰岩質，碑首、身一體。通高一百一十四厘米，寬七十六厘米，厚二十一厘米。碑首額題篆書「代祀記」，三行三字；碑陽楷書，二十五行，滿行三十二字；碑陰楷書，十七行，滿行二十二字。董立撰文，董理書丹，袁哲篆額，朱成彦刊石。

《滿洲金石志稿》（園田一龜集録，南滿洲鐵路株式會社，一九三六年鉛印本）、《滿洲金石志》（羅福頤校録，滿日文化協會，一九三七年石印本）、《北寧市文物志》（趙傑、周洪山主編，遼寧民族出版社，一九九六年）、《遼寧碑志》（王晶辰主編，遼寧人民出版社，二〇〇二年）、《錦州市文物志》（趙振新、吴玉林主編，學苑出版社，二〇〇五年）均有著録。今據原碑照片及北鎮市考古和文物保護服務中心藏拓本録文。

碑陽記惠宗於至正八年派遣五十四等人代祀北鎮廟之經過，碑陰記參與此次代祀北鎮廟之人物。

北鎮廟代祀記（碑陽） 元至正八年

録文

碑陽

代祀記∟

翰林修撰、儒林郎、同知制誥兼國史院編修官臣董立撰文∟

廣寧府路閭陽縣儒學教諭董理書丹∟

廣寧府路儒學學録袁哲篆額∟

至正七年冬，∟皇帝召諭宰相，若曰：歲當發春，分遣使者，致香幡幣物于∟嶽瀆海鎮，實代∟予祀，其慎簡廉絜有德者以聞。八年新正六日，宰相列上者十人，入∟奏于∟興聖宫。∟制曰：可。廿五日，∟上御明仁殿，捧香□致，以報德者，俾涓日而行。榮禄大夫、集賢院大學士臣五十四，∟翰林修撰、儒林郎、同知制誥兼國史院編修官臣董立寔，與祀∟北鎮。□月初八日發程，十有九日至止祠下。廿日丁亥，恭率廣寧府路官屬，具牲∟□□□□□□故禮既卒□，咸謂代祀之典，不容無述。臣立伏惟∟□□□□□□主祀百神∟□□□□□□無□□□∟今□□□□□緒，夙夜毖祀，昭格無□□歲有他，亦惟爲嘉穀祈豐年，爲百物祛疵∟□□□□□□子隆平躋斯民於仁□□執事，□臣敢不欽崇祀典，祗奉∟□□□命竭□□靈至若休徵來偹□□其叙庶草繁廡，百祥駢臻，則神∟之饗醫巫應于山者，固昭昭無□失，爰具梗槩，俾刻諸石。∟

至正八年五月　日立石∟

太中大夫、廣寧府路總管兼本路諸軍奥魯總管管内勸農事臣牙海牙；∟武德將軍、同知廣寧府路總管府事臣大都閭；∟奉政大夫、廣寧府路總管府判官臣韓起翼；∟承務郎、廣寧府路總管府推事臣喬志彼；∟將仕佐郎、廣寧府路總管府知事臣趙亨；∟北鎮住持提點、清微演道宗正大師馬道金；∟北鎮住持提舉、明義沖和希真大師姜玄聰。∟石匠提領朱彦成刊。∟

北鎮廟代祀記拓本（碑陽） 元至正八年

録文

碑陰

與祭官吏：㇄

路吏㇄

曹惟禮、王善、張彬、楊義、芦宗讓、武傑、王有恒、王智、宋文質㇄

孟克讓、玄仁敬、王□、崔質、趙良、石抹義、安逸、孫世榮、曹澤、蘇英㇄

祖國源、陳整、趙嗣誠；監造路吏王禎；縣吏支選㇄

譯史趙怗古思；通事孫阿里只哥歹；司獄司典吏高德㇄

司屬閭陽縣官吏：㇄

達魯花赤阿里沙；縣尹李世榮；主簿孔德符；典史高文秀㇄

司吏劉君美、劉敬、王孝祖、李欽；尉司典白彦德；書工張顕㇄

望平縣官吏：㇄

達魯花赤也兒；縣尹周必失温；典史韓順之㇄

主簿石抹伯顔；司吏呉禩、康讓、李義、許宥；尉司典張仲德㇄

路儒學學正劉宗善；學録袁哲；教諭董理；教諭金澤；直學高信㇄

廣益庫官典監納霍祖文；大使張伯林；副使賈德成；庫子張義；攢典劉士益㇄

常平倉官張驥；攢典馬彦美㇄

税使司提領李□；大使李仁；副使李世英㇄

打捕所官吏：㇄

達魯花赤台罕；大使移剌小廝；司吏張彬㇄

鎮富倉監納何仕傑；大使劉文義㇄

□□□提領張仲温；司吏馬貴德㇄

知廟管道正、侯惟敬、劉仙童、劉廣童㇄

北鎮廟代祀記拓本（碑陰） 元至正八年

一二 北鎮廟代祀之碑

元至正十七年

北鎮廟代祀之碑，元至正十七年（一三五七）立，現存遼寧省錦州市北鎮廟大殿内東側。碑黄色沉積砂岩質，碑首、身一體，碑首呈梯形。碑通高一百三十九厘米、寬七十六厘米、厚十八點五厘米。碑座爲長方形，花崗岩石質，長八十二厘米、寬六十二厘米、高二十厘米。碑首額題楷書「代祀之碑」，四行四字；碑陽楷書，十五行，滿行二十三字；碑陰楷書，十五行，滿行二十八字。郭嘉立石并書，朱彦成刊石。

《奉天通志》（金毓黻等纂修，奉天通志局，一九三五年鉛印本）、《滿洲金石志稿》（園田一龜集録，南滿洲鐵路株式會社，一九三六年鉛印本）、《滿洲金石志》（羅福頤校録，滿日文化協會，一九三七年石印本）、《北寧市文物志》（趙傑、周洪山主編，遼寧民族出版社，一九九六年）、《遼寧碑志》（王晶辰主編，遼寧人民出版社，二〇〇二年）、《錦州市文物志》（趙振新、吴玉林主編，學苑出版社，二〇〇五年）均有著録。今據原碑照片及北鎮市考古和文物保護服務中心藏拓本録文。

碑陽記惠宗於至正十七年派遣楊浤等人代祀北鎮廟之經過，碑陰記參與代祀北鎮廟之人物。

北鎮廟代祀之碑（碑陽） 元至正十七年

録文

碑陽

謹按，醫巫閭，幽州之鎮也。時維正月之吉，∟上御文惠殿，手香授使者徧禮海嶽。于時，翰林侍講學士□□、∟翰林修撰楊汯，∟北鎮寔來，二月達廣寧，既望之□日辛丑∟，代祀∟貞德廣寧王神所，禮行三獻祠已。臣汯再拜稽首，謹獻頌曰：∟昊穹罔測，曰維四時。時至運行，天道随之。∟聖神立極，動以天則。嶽鎮闡靈，其猶輔弼。∟皇帝右曰，功祀禮宜。古醫巫閭，玄化之機。∟慶命追侍，偕汝翰林。香幡至止，如當朕心。∟承事既虔，肥腯精潔。妖孽不興，歳成灾滅。∟聖壽無疆，屹如山□。品彙生□，民康以遂。∟成扵斯，生扵斯，終始于斯，玆為坤德之□，∟元聖之基。∟

至正十七年三月 日 總管郭嘉立石併書∟

北鎮廟代祀之碑拓本（碑陽） 元至正十七年

録文

碑陰

奉議大夫、廣寧府路達魯花赤臣李資└

正議大夫、廣寧府路總管臣郭□└

武德將軍、廣寧府路同知臣□木哈└

承務郎、廣寧府路推官臣□□□└

從仕郎、廣寧府路經歷臣□□└

將侍郎、廣寧府路知事臣□□└

勑授廣寧府路照磨臣寇□└

路吏：陳謙、□□、□仲美、白義、李益、張整、田彬└

刘□美、李仲明、金國英、肖顕、趙世民、崔允、牛□□└

張青□、□□花木、□恭└

閭陽縣□□□□主簿韓；典史趙謙、郭仲成、□石□└

望平縣達魯花赤□□□；主簿王元吉；典史崔仲實、王彦、□□□、劉俊德└

廣益庫大使□□新；庫子刘□□；攢典王謙└

北鎮廟住持、提點卞德元、畢進禄└

北鎮廟住持、提點安□聰；知廟□□僧、甘德和└

石匠提領朱彦成刊└

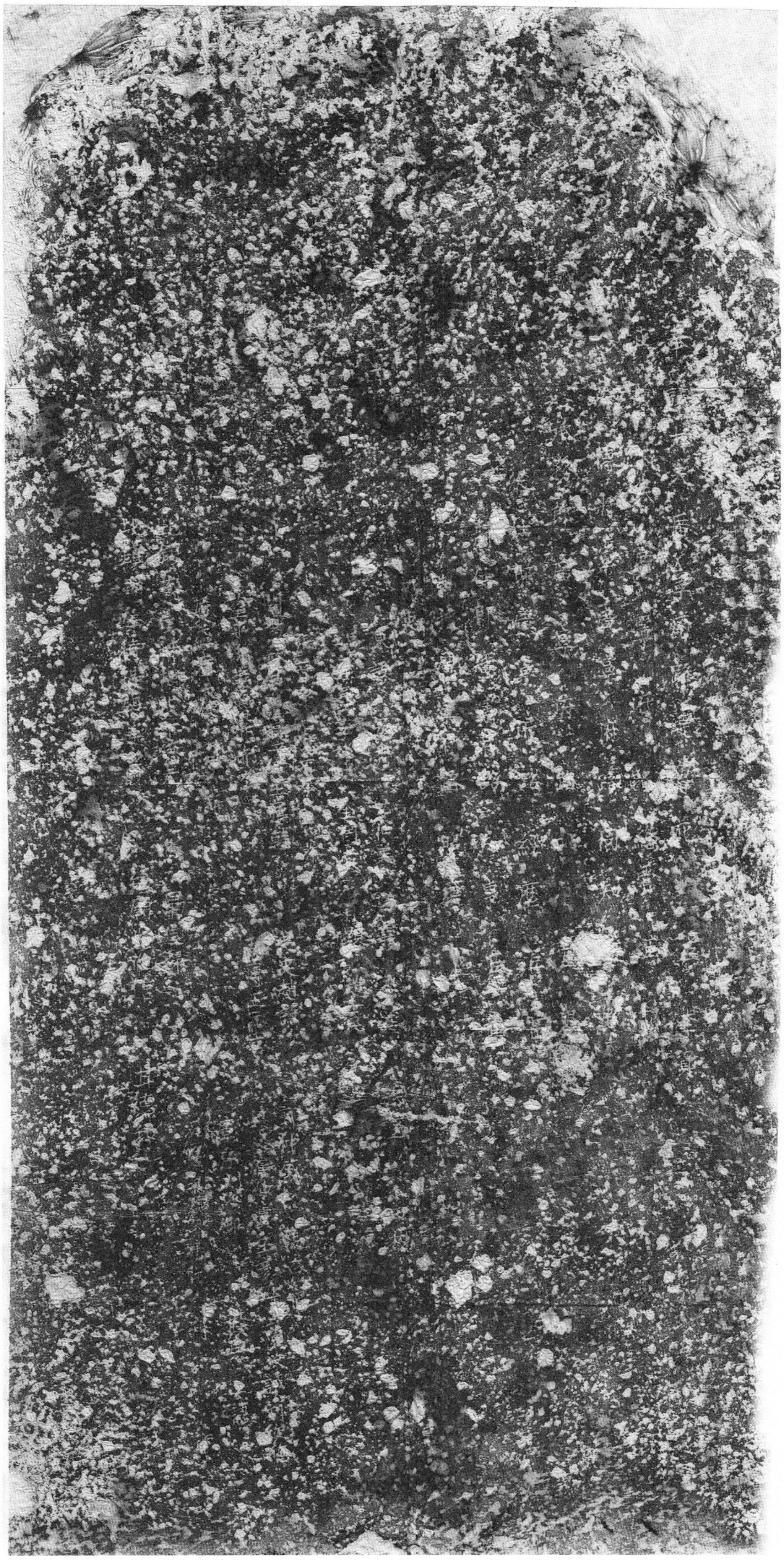

北鎮廟代祀之碑拓本（碑陰） 元至正十七年

第二部分　明代碑刻

一　北鎮廟成祖敕諭碑

明洪熙元年

北鎮廟成祖敕諭碑，明洪熙元年（一四二五）五月立，現存遼寧省錦州市北鎮廟院内東側碑廊。碑花崗岩質，龜趺圓首。碑首高一百一十厘米，寬一百五十五厘米，厚四十五厘米，上雕蟠龍，正面偏下爲方型碑額，上題「勑」字。碑身高二百八十六厘米，寬一百四十五厘米，厚四十五厘米。龜趺首尾長二百六十厘米，寬一百三十八厘米，高一百厘米。碑陽楷書，八行，滿行十七字；碑陰楷書，十八行，滿行十七字。

《錦州府志》（劉源溥等纂修，清康熙二十二年刻本）、《欽定盛京通志》（阿桂等纂修，清乾隆年間刻本）、《滿洲金石志稿》（園田一龜集録，南滿洲鐵路株式會社，一九三六年鉛印本）、《北寧市文物志》（趙傑、周洪山主編，遼寧民族出版社，一九九六年）、《遼寧碑志》（王晶辰主編，遼寧人民出版社，二〇〇二年）、《錦州市文物志》（趙振新、吴玉林主編，學苑出版社，二〇〇五年）均有著録。今據原碑照片及北鎮市考古和文物保護服務中心藏拓本録文。

碑陽記明成祖敕令官員重修北鎮廟之經過。

北鎮廟成祖敕諭碑（碑陽） 明洪熙元年

碑陽

録文

勑遼東都司∟
北鎮醫巫閭之神，自昔靈應彰顯，而衛國祐∟民，厥績尤著。獨其廟宇頹毁，至今弗克脩治。∟朕心拳切，夙夜弗忘。∟勑至爾等，即擇日興工，建立祠宇，飭嚴∟祀事，以稱∟朕崇仰之意。故勑。∟
永樂十九年三月初七日∟

北鎮廟成祖敕諭碑拓本（碑陽）　明洪熙元年

録文

碑陰

鎮守遼東尚寶監太監王彦
內官監左監丞伯察
征虜前將軍鎮守遼東總兵官武趙伯朱榮
鎮守遼東總兵官廣寧伯劉江
遼東都司驃騎將軍都指揮使王真、巫凱等
欽委廣寧備禦鎮國將軍都指揮同知夏儉
廣寧等衛昭勇將軍指揮使孫敏等
從仕郎經歷劉徽等
武畧將軍衛鎮撫江庸等
千百户蘇繼等
委官武畧將軍副千户恵真
督都忠武校尉所鎮撫殷□
昭信校尉百户李武、王順、江鼎
侍香道人陸積成、張稷等
木石塑畫等匠謝安等
□□書丹
□□□刊
大明洪熙元年歲次乙巳五月吉日立

北鎮廟成祖敕諭碑拓本（碑陰） 明洪熙元年

二 北鎮廟御祭祀碑

明成化十三年

北鎮廟御祭祀碑，明成化十三年（一四七七）立，現存遼寧省錦州市北鎮廟院内西側碑廊。碑暗紫色沉積砂岩質，龜趺方首。碑首有浮雕雲卷圖案，高六十六點五厘米，寬九十一厘米，厚二十三點五厘米。碑身高一百四十二點五厘米，寬八十八厘米，厚二十一厘米。龜趺首尾長二百六十三厘米，寬一百二十二厘米，高八十五厘米。碑陽楷書，十四行，滿行三十一字。碑陰無字。

《錦州府志》（劉源溥等纂修，清康熙二十二年刻本）、《欽定盛京通志》（阿桂等纂修，清乾隆年間刻本）、《北鎮縣志》（王文璞等纂修，一九三三年石印本）、《奉天通志》（金毓黻等纂修，奉天通志局，一九三五年鉛印本）、《滿洲金石志稿》（園田一龜集録，南滿洲鐵路株式會社，一九三六年鉛印本）、《北寧市文物志》（趙傑、周洪山主編，遼寧民族出版社，一九九六年）、《遼寧碑志》（王晶辰主編，遼寧人民出版社，二〇〇二年）、《錦州市文物志》（趙振新、吴玉林主編，學苑出版社，二〇〇五年）均有著録。今據原碑照片及北鎮市考古和文物保護服務中心藏拓本録文。

碑文記明憲宗派遣陳越祭祀北鎮廟之經過。

北鎮廟御祭祀碑（碑陽） 明成化十三年

録文

碑陽

維成化十三年歲次丁酉五月丁卯朔初八日甲戌[一]，㇗皇帝遣巡撫遼東賛理軍務、都察院右副都御史陳越，祭告于㇗北鎮醫巫閭山之神，㇗曰：國家敬奉㇗神明，聿嚴祠祝，所期默運㇗化機，庇佑民庶。乃近歲以來，或天時不順，地道欠寧；或雷電失常，雨暘爽候；或妖㇗孽間作，疫厲交行。遠近人民，頻遭饑饉，流離困苦，痛何可言！惕然於衷，罔攸惟㇗神，奠鎮一方，民所恃賴，覩茲灾沴，能不究心？是用恃具香幣，遣官祭㇗告，尚冀體㇗上帝好生之德，鑒予憂憫元元之意。斡[二]旋造化，弘闡威灵，捍患禦灾，变㇗禍爲福。庶幾民生獲遂，享報無窮，惟㇗神鑒之。謹㇗告。

成化十三年五月初八日建㇗

[一] 原碑此字誤作「戍」。

[二] 原碑此字誤作「幹」。

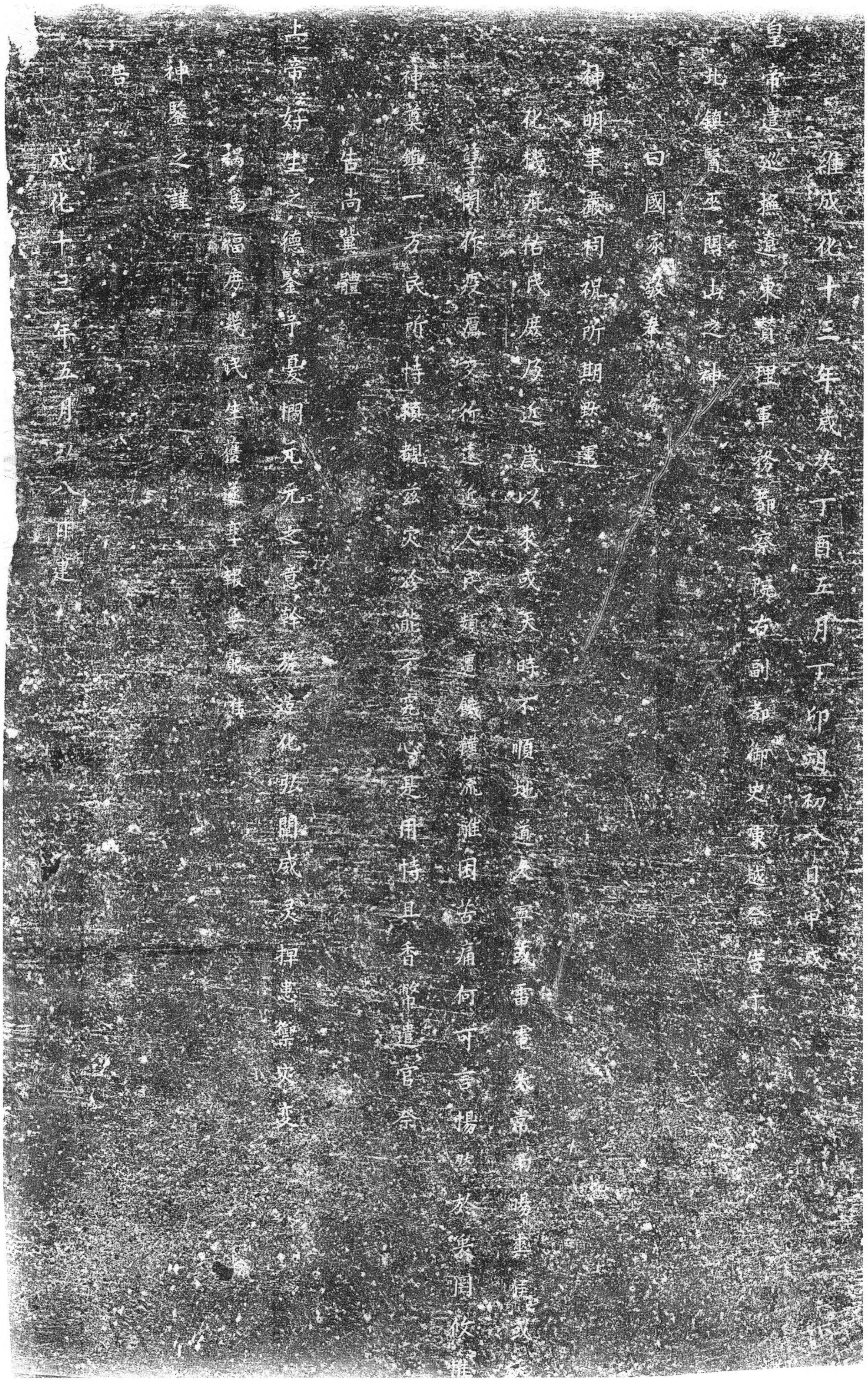
維成化十三年歲次丁酉五月丁卯朔初八日甲戌
皇帝遣巡撫遼東贊理軍務都察院右副都御史陳鉞致祭于
北鎮醫巫閭山之神
曰國家□奉□
神明秉嚴祠祀所期默運
化機庇佑民庶乃近歲以來或天時不順地道失寧或雷電失常雨暘□□或
孽間作疫癘交行遠近人民類遭饑饉流離困苦痛何可言□□於□周□□
神奠鎮一方民所恃賴睹茲災沴能不究心是用特具香幣遣官祭
告尚冀體
上帝好生之德鑒予憂憫元元之意斡旋造化弘闡威靈捍患禦災變
禍為福庶幾民生獲遂以報無窮惟
神鑒之謹
告
成化十三年五月□八日建

北鎮廟御祭祀碑拓本（碑陽） 明成化十三年

三 北鎮廟御祭祀碑

明弘治六年

北鎮廟御祭祀碑，明弘治六年（一四九三）五月立，現存遼寧省錦州市北鎮廟院内東側碑廊。碑暗紫色沉積砂岩質，方首須彌座。碑首高五十八厘米，寬七十六厘米，厚十九厘米。碑身高一百三十八厘米，寬七十三厘米，厚十六點五厘米。碑座長一百二十四厘米，寬七十五厘米，高七十三厘米。碑陽楷書，十一行，滿行二十三字。碑陰無字。北鎮廟中尚有一碑（見下文碑四）與此碑時間、致祭人一致，碑文中除個别字有出入外，其餘内容相同。但兩碑形制尺寸不一，碑四爲龜趺螭首，且較高大，而此碑爲方首須彌座，且較小，品位較低。推測該碑爲先刻，後因發現錯誤或級別不够而另刻碑四。

《錦州府志》（劉源溥等纂修，清康熙二十一年刻本）、《欽定盛京通志》（阿桂等纂修，清乾隆年間刻本）、《北鎮縣志》（王文璞等纂修，一九三三年石印本）、《奉天通志》（金毓黻等纂修，奉天通志局，一九三五年鉛印本）、《滿洲金石志稿》（園田一龜集録，南滿洲鐵路株式會社，一九三六年鉛印本）均有著録。今據原碑照片及北鎮市考古和文物保護服務中心藏拓本録文。

碑文記明孝宗派遣張岫祭祀北鎮廟之經過。

北鎮廟御祭祀碑（碑陽）　明弘治六年

録文

碑陽

維弘治六年歲次癸丑四月乙[一]未朔十五日己酉[二]，乚皇帝謹遣巡撫遼東贊理軍務、都察院右副都御史張岫，致乚祭于乚北

鎮醫巫閭山之神，乚曰：伏自去冬無雪，今春少雨，田苗未能播種，黎庶寔乚切憂惶。予甚兢惕，用是側身循省，虔致禱祈。惟乚

神矜憫下民，斡[三]旋乚大造，早霈甘澤，以滋禾稼，以及民艱。庶民有豊稔之休，則乚神亦享無窮之報，謹乚告。乚

弘治六年五月初五日立乚

[一] 原碑此字誤作「巳」。

[二] 原碑此字誤作「己」。

[三] 原碑此字誤作「幹」。

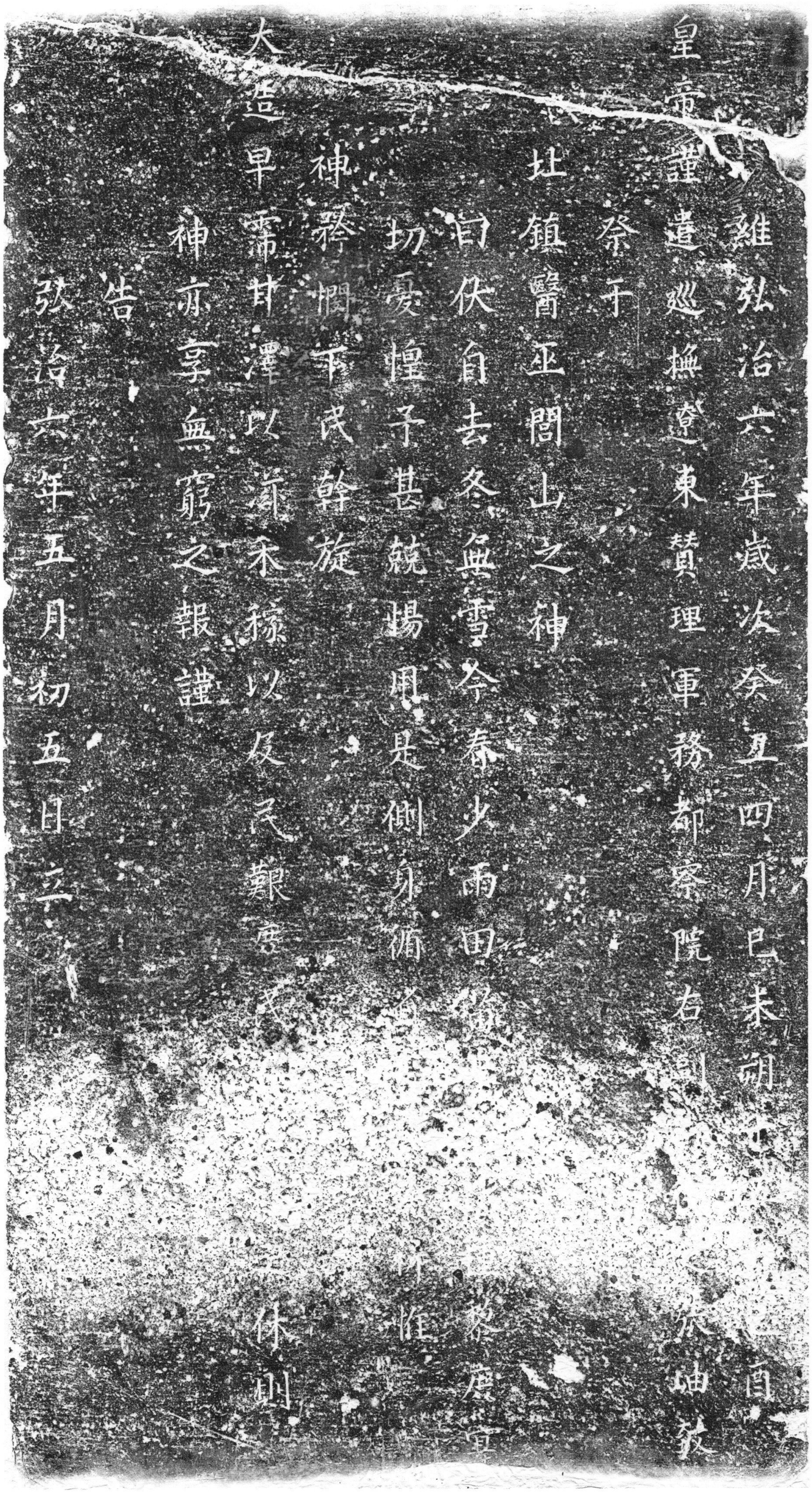

北鎮廟御祭祀碑拓本（碑陽）　明弘治六年

四　北鎮廟御祭祀碑

明弘治六年

北鎮廟御祭祀碑，明弘治六年（一四九三）五月立，現存遼寧省錦州市北鎮廟院内東側碑廊。碑紅棉石質，龜趺螭首。碑首高七十八厘米，寬一百厘米，厚二十四厘米，上雕蟠龍，正面偏下爲方型碑額，其上無字。碑身高一百九十七厘米，寬九十一厘米，厚二十二厘米。龜趺首尾長二百八十厘米，高八十二厘米，寬一百一十厘米。碑陽楷書，十一行，滿行二十三字。碑陰無字。

《奉天通志》（金毓黻等纂修，奉天通志局，一九三五年鉛印本）、《遼寧碑志》（王晶辰主編，遼寧人民出版社，二〇〇二年）均有著録。今據原碑照片及北鎮市考古和文物保護服務中心藏拓本録文。

碑文記明孝宗派遣張岫祭祀北鎮廟之經過。

北鎮廟御祭祀碑（碑陽） 明弘治六年

録文

碑陽

維弘治六年歲次癸丑四月乙〔一〕未朔十五日己〔二〕酉，乚皇帝謹遣巡撫遼東贊理軍務、都察院右副都御史張岫，致乚祭于乚北鎮醫巫閭山之神，乚曰：伏自去冬無雪，今春少雨，田苗未能播種，黎庶實乚切憂惶。予甚兢惕，用是側身循省，虔致禱祈。惟乚神矜憫下民，斡旋乚大造，早霈甘澤，以滋禾稼，以及民有豐稔之休，則乚神亦享無窮之報。謹乚告。乚

弘治六年五月初五日立乚

〔一〕原碑此字誤作「己」。

〔二〕原碑此字誤作「已」。

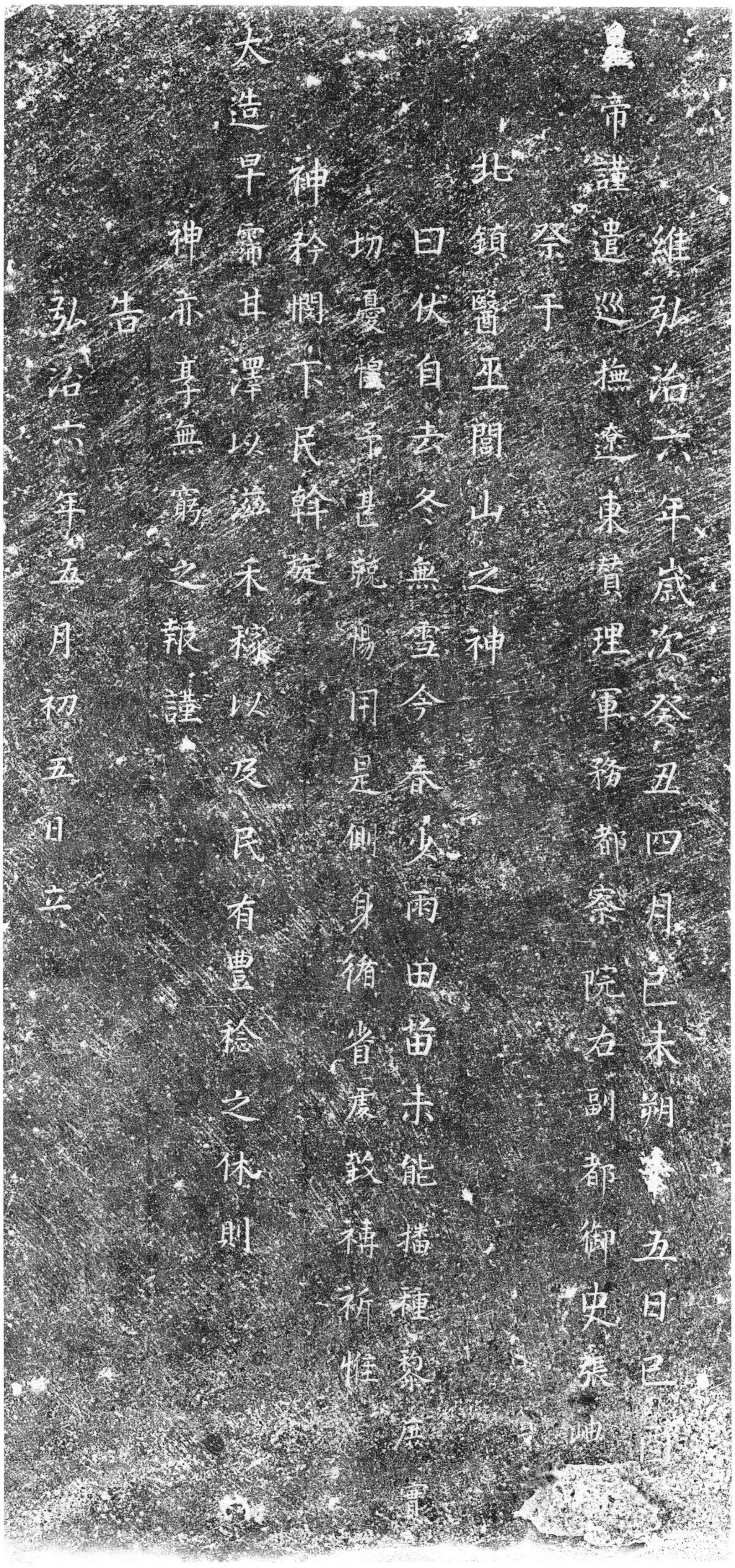

維弘治六年歲次癸丑四月己未朔越五日己酉
皇帝謹遣巡撫遼東贊理軍務都察院右副都御史張岫
祭于
北鎮醫巫閭山之神
曰伏自去冬無雪今春少雨田苗未能播種黎庶實
切憂惶予甚兢惕用是側身循省處致禱祈惟
神矜憫下民斡旋
太造旱霈甘澤以滋禾稼以及民有豐稔之休則
神亦享無窮之報謹
告
弘治六年五月初五日立

北鎮廟御祭祀碑拓本（碑陽）　明弘治六年

五　北鎮廟重修記碑

明弘治八年

北鎮廟重修記碑，明弘治八年（一四九五）八月立，現存遼寧省錦州市北鎮廟院内西側碑廊。碑暗紫色沉積砂岩質，龜趺螭首。碑首高一百四十七厘米，寬一百四十五厘米，厚四十三厘米，上雕蟠龍，正面偏下爲圭型碑額。碑身高二百八十三厘米，寬一百三十三厘米，厚四十厘米，四周綫刻花紋。龜趺首尾長三百五十九厘米，寬一百四十六厘米，高一百厘米。碑額篆書「北鎮廟重修記」，二行六字；碑陽楷書，二十五行，滿行五十五字；碑陰楷書，二十一行，滿行十四字。

《奉天通志》（金毓黻等纂修，奉天通志局，一九三五年鉛印本）、《滿洲金石志稿》（園田一龜集録，南滿洲鐵路株式會社，一九三六年鉛印本）、《北寧市文物志》（趙傑、周洪山主編，遼寧民族出版社，一九九六年）、《遼寧碑志》（王晶辰主編，遼寧人民出版社，二〇〇二年）、《錦州市文物志》（趙振新、吴玉林主編，學苑出版社，二〇〇五年）均有著録。今據原碑照片及北鎮市考古和文物保護服務中心藏拓本録文。

碑陽記明孝宗下令重修北鎮廟之經過，碑陰記參與重修北鎮廟之人物。

北鎮廟重修記碑（碑陽）　明弘治八年

録文

碑陽

冀州之境，由太行而東，尊嚴雄峻，惟醫巫閭為諸山之冠。我ㄥ太祖高皇帝建極之初，主宰百神，於天下名山大川，皆遣使持祝文牲帛，以受命告；又以前代崇其號、人其神者，非敬神之體，下ㄥ詔追正，以復其本號。而北鎮實醫巫閭山之本號也，每歲春秋祀事，與嶽瀆同。ㄥ朝廷有大典禮、大政務，則遣使告焉。此實ㄥ聖祖之獨見，而爲萬古不易之盛典，有非前代之可及也，猗歟盛哉！廟去廣寧城西五里，規模卑狹，殿宇穿漏。永樂辛丑，我ㄥ太宗文皇帝，ㄥ勑都司建立祠宇，飭嚴祀事，歷年既久，圮剥弗治。成化癸卯，御馬監太監韋公朗来鎮東遼，首謁斯廟，極有興脩之志，雖已[一]命工葺理，未稱心力。ㄥ弘治甲寅三月旱，禱之輒應。公勃然謂余曰：「北鎮，ㄥ朝廷尊崇，邊方仰頼，廟貌傾頽，盍葺理焉。」具其事，請命于ㄥ上，以成夙志。於是，恊推素有才幹，致仕指揮閔質專董其事。剪芟荒蕪，去阻剷埆，隮隆就□，自殿亭以下，皆易之以美材。復鑄銅像於中，東西創ㄥ鍾皷二樓，悉飭以金碧丹雘。又增左右翼廊二十楹，以便與獻。大門五楹，門之外又加牌扁五架，曰「北鎮之廟」。前展臺基，加舊八丈五尺。東ㄥ西十三丈，高一丈五尺，悉以白石砌之。重門三出，繚垣千堵，以至齋宿、庖庫、簠簋、罍爵無不備具。木石甓瓦之需，匠作工役之費，悉出俸貲。ㄥ起工於弘治甲寅之夏，畢工於乙卯之秋。財不妄費，人不告勞，面勢次列，高亢明爽，夐踰曩規。由是士民商賈之登遊者，一舉目而東遼之ㄥ勝槩可見矣。總戎李公杲義之，速予以紀其事。余惟義人之正路也，君子由焉。彼舍正路而不由者，誘於利也；誘於利而欲推其所有，以濟ㄥ於人，尚不可淂，矧有餘力以事神乎？噫！此義之所以不行，而行義者為難淂也。今韋公以中貴重臣，荷ㄥ累朝之榮遇，守鎮東土，多歷年所。獨於北鎮一廟，不數年而两新之，若職務之當先者，且以俸貲千緡，一朝委之於不還之地，而無難色。即此ㄥ而觀，則其平日利人濟物之心，無非忘利而循義；决勝運籌之謀，無非行義而討不義也。非素明於義，而由正路之君子，能如是乎？不然，則ㄥ曰：鎮守，吾職也，吾知不失邊備耳，奚暇他為哉？視廟貌之傾頽，歲時之豐凶，若越人視秦人之肥瘠，漠然不動於中焉，其如韋公何？況北鎮ㄥ禮秩居他鎮之首，永奠東土，禦我邊疆，利我邊民，與五嶽海瀆同功。歷代所以崇祀之者在是，邊方所以依仰之者在是。今韋公拳拳焉，新ㄥ其廟貌，廣其規模，所以仰荅我ㄥ祖宗淂敬神之體，為萬古不易之盛典者，寧不又有在於是乎？書其事以記之，且以為来者勸焉。ㄥ

弘治八年歲次乙卯秋八月望日ㄥ

賜進士出身、通議大夫、奉ㄥ勑巡撫遼東賛理軍務、都察院右副都御史河東張岫撰ㄥ

[一] 原碑此字誤作「巳」。

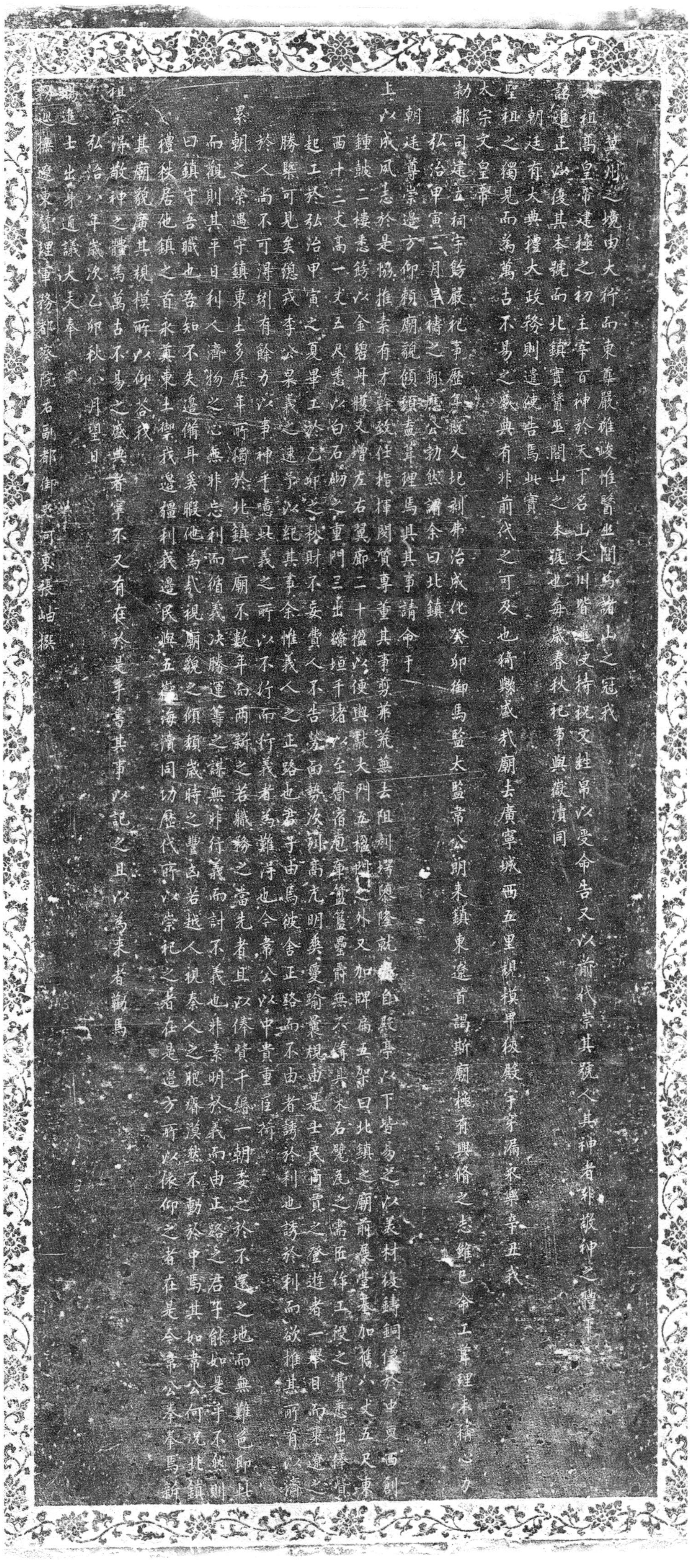

北鎮廟重修記碑拓本（碑陽）　明弘治八年

録文

碑陰

欽差鎮守遼東御馬監太監韋朗⌞
欽差巡撫遼東贊理軍務、都察院右副都御史張岫⌞
欽差鎮守遼東總兵官征虜前將軍右軍都督府都督僉事李杲⌞
欽差遼東監鎗都知監左監丞郝林⌞
欽差總理遼東糧儲兼理屯種户部郎中王璠⌞
欽差協守遼東右叅將都指揮使孫文毅⌞
欽差協守遼東右叅將都指揮僉事劉祥⌞
遼東都司廣寧備禦都指揮使白欽⌞
管操都指揮曹浩、李恕、薛鏞、王聚、田俊、李鑑、馬驃⌞
欽准總督重修致仕指揮使閔質⌞
廣寧四衛指揮陳玉、閔孝、張瓚、韓俊、羅綬、張普、郭璿、鄭継、楊震⌞
遼東都司儒學生員徐松書丹⌞
管工千户田進；百户劉英；舍人戴潤⌞
管石作千户方俊⌞
石匠馬士傑等；鎌銅匠楊全、陳玉等⌞
木匠汪正、周清、孫隆等⌞
鑄冶匠吕敏等；檦字匠王希旺⌞
畫匠夏昇等；鐵匠路林⌞
油漆匠呉寬等；窰匠劉通、王友等⌞
泥水匠袁聰等、李昇；揑塑匠于成、劉榮等⌞
鐫字匠馬英；搭採匠董茂、劉廣等⌞
廟祝陳道琳、蕭道淮、薛芳、王道成、道洪、道珍、樊明、⌞
周全、道安、張鑑、熊紀、洪斌、冷榮、杭鎧、趙淮、德瓚⌞

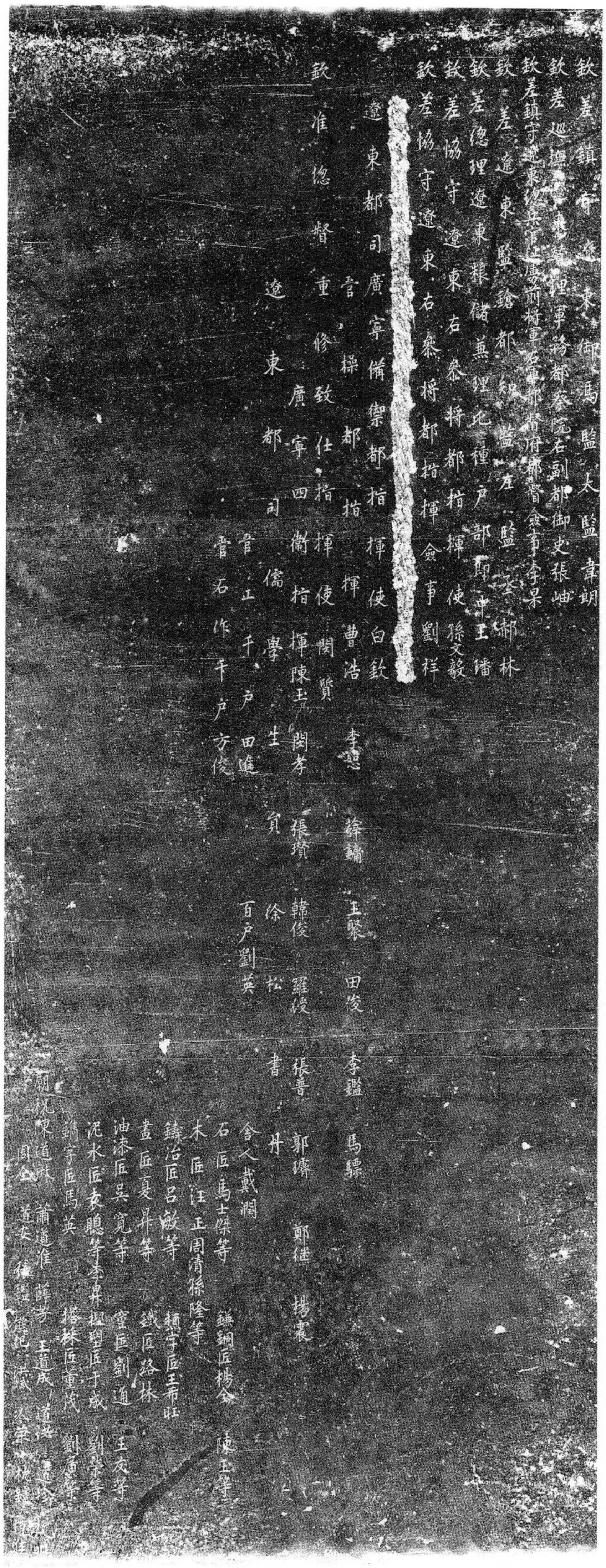

北鎮廟重修記碑拓本（碑陰） 明弘治八年

六　北鎮廟御祭祝文碑

明弘治十八年

北鎮廟御祭祝文碑，明弘治十八年（一五〇五）正月立，現存遼寧省錦州市北鎮廟院内東側碑廊。碑暗紫色沉積砂岩質，龜趺螭首。碑首高八五厘米，寬一百零六厘米，厚二十六厘米。碑身高一百八十厘米，寬一百厘米，厚二十四厘米。龜趺首尾長二百五十厘米，寬一百一十厘米，高八十四厘米。碑額篆書「御祭祝文」，二行四字；碑陽楷書，十二行，滿行二十字；碑陰楷書，七行，滿行二十四字。

《滿洲金石志稿》（園田一龜集録，南滿洲鐵路株式會社，一九三六年鉛印本）、《北寧市文物志》（趙傑、周洪山主編，遼寧民族出版社，一九九六年）、《遼寧碑志》（王晶辰主編，遼寧人民出版社，二〇〇二年）、《錦州市文物志》（趙振新、吴玉林主編，學苑出版社，二〇〇五年）均有著録。今據原碑照片及北鎮市考古和文物保護服務中心藏拓本録文。

碑文記皇帝派遣都察院右僉都御史張鼐祭祀北鎮醫之經過。

北鎮廟御祭祝文碑（碑陽）　明弘治十八年

錄文

碑陽

維弘治十七年歲次甲子五月庚寅朔越二十六⌊日乙卯，⌊皇帝謹遣都察院右僉都御史張鼐，祭告于⌊北鎮醫巫閭山之神，⌊曰：□者亢陽爲雪，雨澤愆期，炎埃翳空，土脉燥竭。⌊田失播種，民罹阻饑，思厥咎徵，深切祇懼。特茲齋⌊沐，遣告⌊明神，伏冀⌊斡旋化工，早施甘澍；發生萬彙，普濟群黎。不勝懇切⌊祈禱之至！謹⌊告。⌊

弘治十八年春正月吉日立石⌊

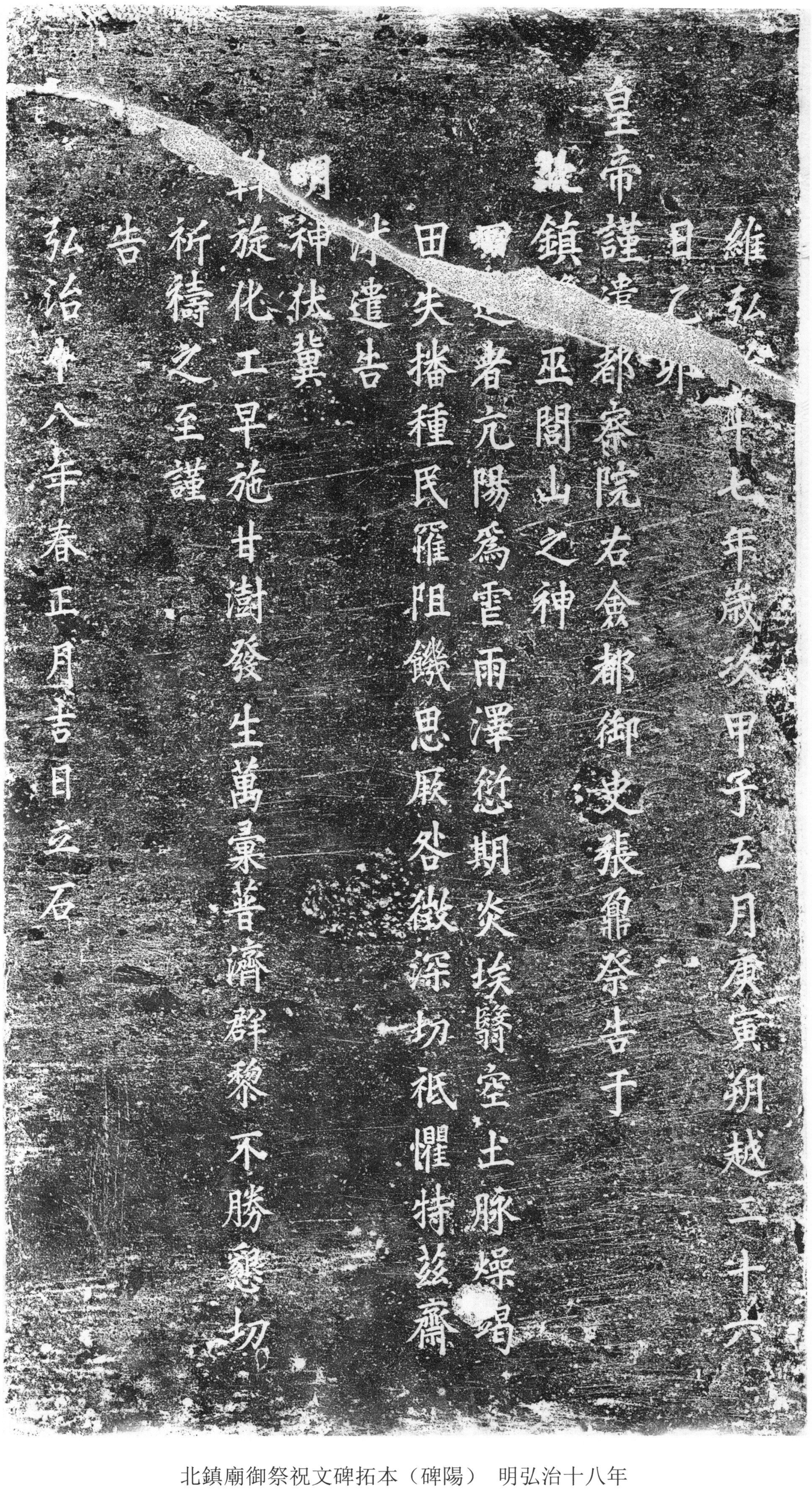
維弘治十七年歲次甲子五月庚寅朔越二十六
日乙卯
皇帝謹遣都察院右僉都御史張鼐祭告于
北鎮醫巫閭山之神
[illegible]邇者亢陽爲雪雨澤愆期炎埃驕空土脉燥暍
田失播種民罹阻饑思厥咎徵深切祇懼特茲齋
沐遣告
明神扶冀
斡旋化工早施甘澍發生萬彙普濟群黎不勝懇切
祈禱之至謹
告
弘治十八年春正月吉日立石

北鎮廟御祭祝文碑拓本（碑陽）　明弘治十八年

録文

碑陰

山東等處提刑按察司分巡遼海東寧道副使蕪湖李貢」
欽差遼東監鎗御馬監左監丞廣右呉本」
欽差巡撫遼東地方賛理軍務都察院右僉都御史山東張鼐」
欽差鎮守遼東地方内官監太監廣右朱秀」
欽差鎮守遼東地方總兵官都督僉事密雲韓輔」
欽差總理遼東糧儲兼理屯種户部郎中濰縣王蓋」
欽差山東等處提刑按察司專管遼東屯田副使杞縣李惟聰」
鐫工：義州高崗」
督工：廣寧衛千户陸壐」
備禦：廣寧、義州衛都指揮僉事馬深」
書丹：廣寧儒學生員呉一中」
廟祝：廣寧于瑛」

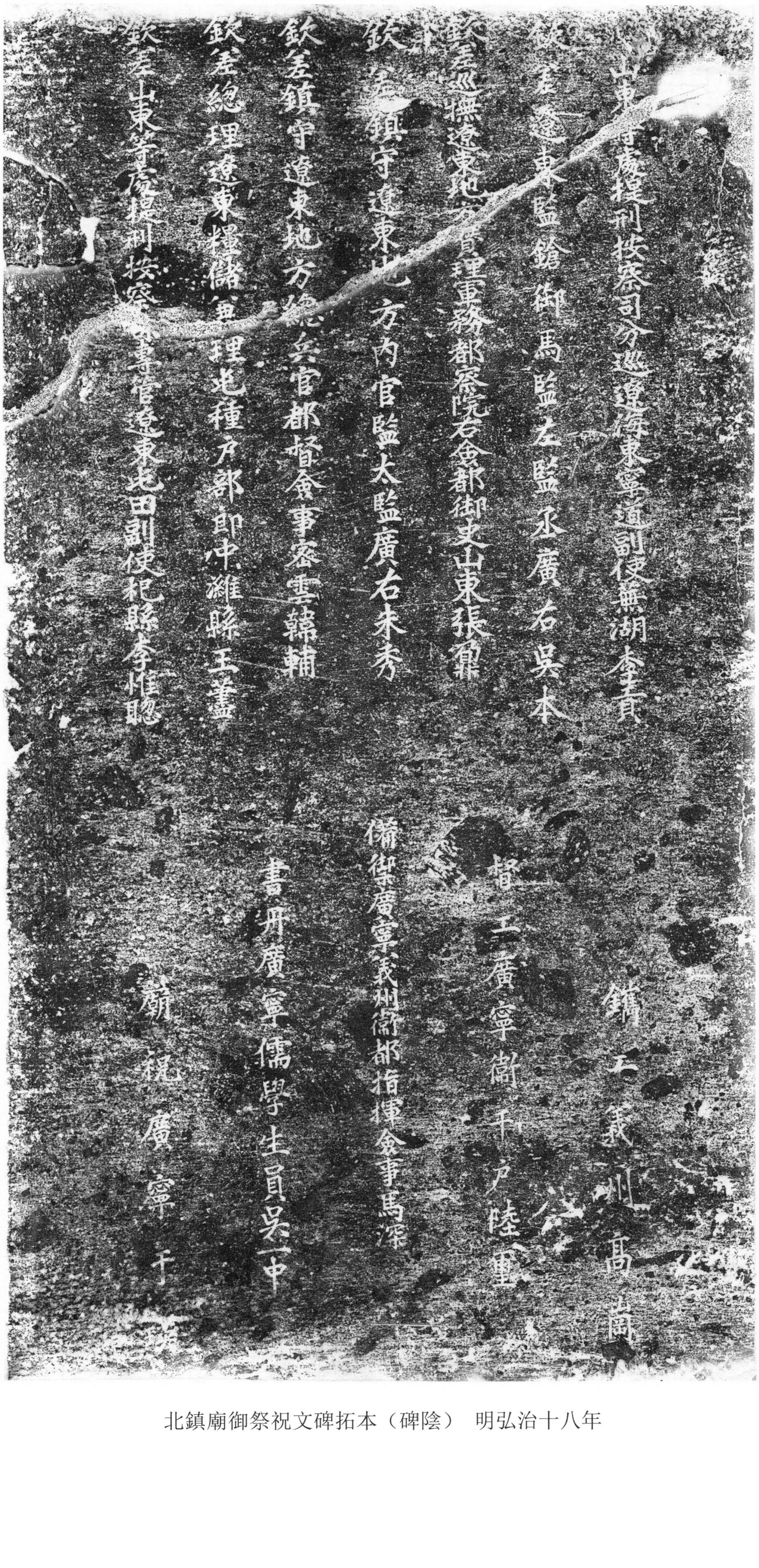

北鎮廟御祭祝文碑拓本（碑陰） 明弘治十八年

七　北鎮廟御祭祝文碑

明正德元年

北鎮廟御祭祝文碑，明正德元年（一五〇六）十月十五日立，現存遼寧省錦州市北鎮廟院内西側碑廊。碑暗紫色沉積砂岩質，龜趺螭首。碑首高八十三厘米，寬一百零六厘米，厚三十厘米。碑身高一百九十三厘米，寬九十八厘米，厚二十七厘米。龜趺首尾長二百二十七厘米，寬一百一十三厘米，高八十厘米。碑額篆書「御祭祝文」，二行四字；碑陽楷書，十行，滿行二十字；碑陰楷書，十二行，滿行二十七字。

《錦州府志》（劉源溥等纂修，清康熙二十二年刻本）、《欽定盛京通志》（阿桂等纂修，清乾隆年間刻本）、《北鎮縣志》（王文璞等纂修，一九三三年石印本）、《奉天通志》（金毓黻等纂修，奉天通志局，一九三五年鉛印本）、《滿洲金石志稿》（園田一龜集録，南滿洲鐵路株式會社，一九三六年鉛印本）、《北寧市文物志》（趙傑、周洪山主編，遼寧民族出版社，一九九六年）、《遼寧碑志》（王晶辰主編，遼寧人民出版社，二〇〇二年）、《錦州市文物志》（趙振新、吴玉林主編，學苑出版社，二〇〇五年）均有著録。今據原碑照片及北鎮市考古和文物保護服務中心藏拓本録文。

碑文記明武宗派遣中書舍人尹梅祭祀北鎮廟之經過。

北鎮廟御祭祝文碑（碑陽） 明正德元年

碑陽

維正德元年歲次丙寅四月庚戌[一]朔越九日戊午，ㄴ皇帝遣中書舍人尹梅，致祭于ㄴ北鎮醫巫閭山之神，ㄴ曰：惟ㄴ神功叅造化，永鎮北土，奠安民物，萬世允賴。玆予嗣ㄴ承大統，謹用祭ㄴ告。ㄴ神其歆鑒，佑我國家。尚ㄴ享！ㄴ

正德元年十月十五日立ㄴ

録文

[一] 原碑此字誤作「戍」。

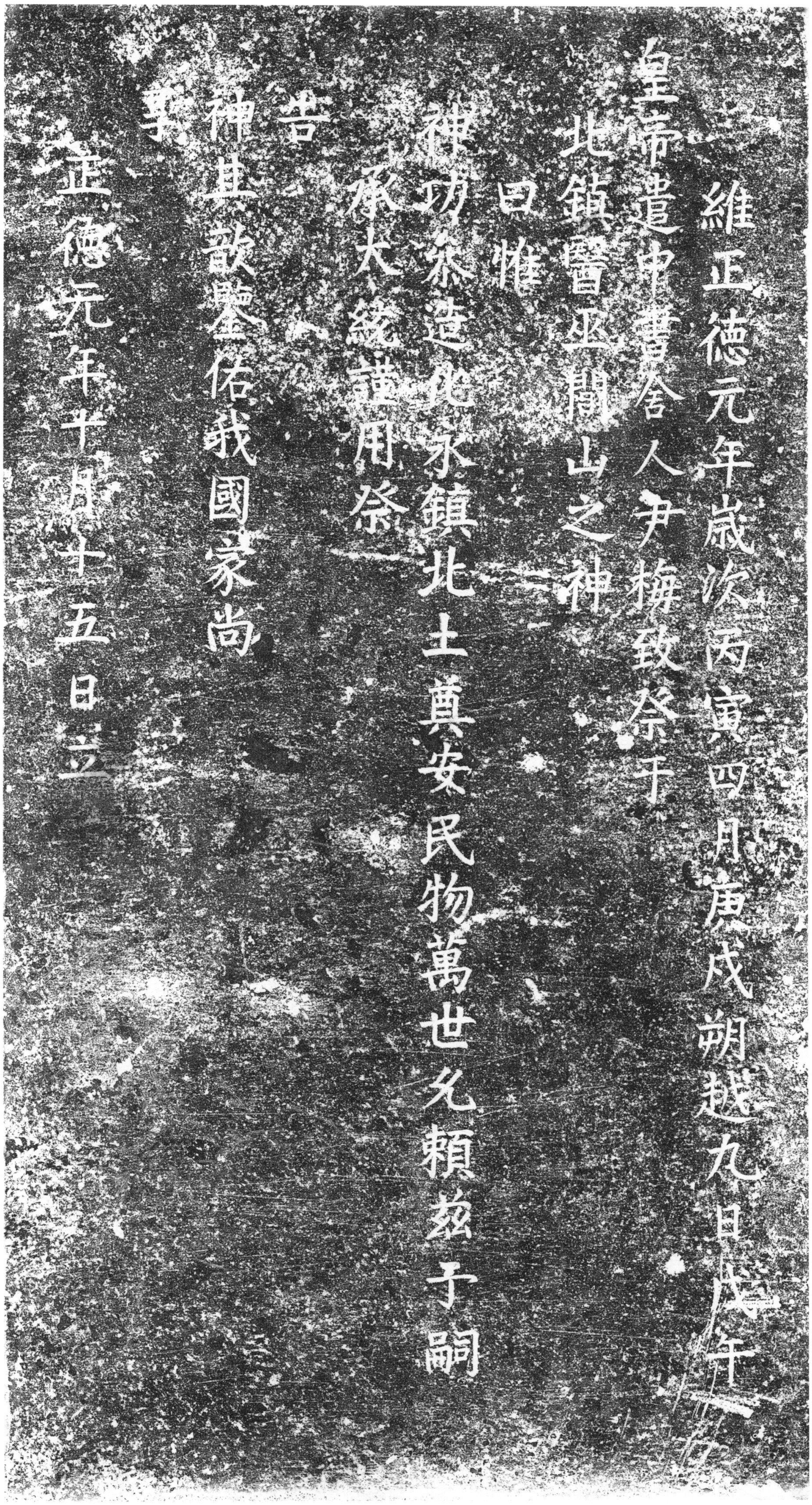
維正德元年歲次丙寅四月庚戌朔越九日戊午
皇帝遣中書舍人尹梅致祭于
北鎮醫巫閭山之神
曰惟
神功參造化永鎮北土奠安民物萬世允賴茲予嗣
承大統謹用祭
告
神其歆鑒佑我國家尚
享
正德元年十月十五日立

北鎮廟御祭祝文碑拓本（碑陽） 明正德元年

録文　碑陰

山東等處提刑按察司分巡遼海東寧道僉事黄繡∟
欽差遼東監鎗御馬監太監吳本∟
欽差巡撫遼東地方兼贊理軍務都察院右僉事都御史鄧璋∟
欽差鎮守遼東地方御馬監太監岑章∟
欽差鎮守遼東地方總兵官征虜前將軍左軍都督府都督僉事韓輔∟
欽差總理遼東糧儲兼理屯種户部郎中徐璉∟
欽差遼東遊擊將軍都指揮僉事金輔∟
鐫工：義州高崗∟
管工：廣寧左衛指揮同知惠綺∟
廣寧備禦指揮使殷玘∟
書丹：舍人岑宏∟
廟祝：廣寧于瑛∟

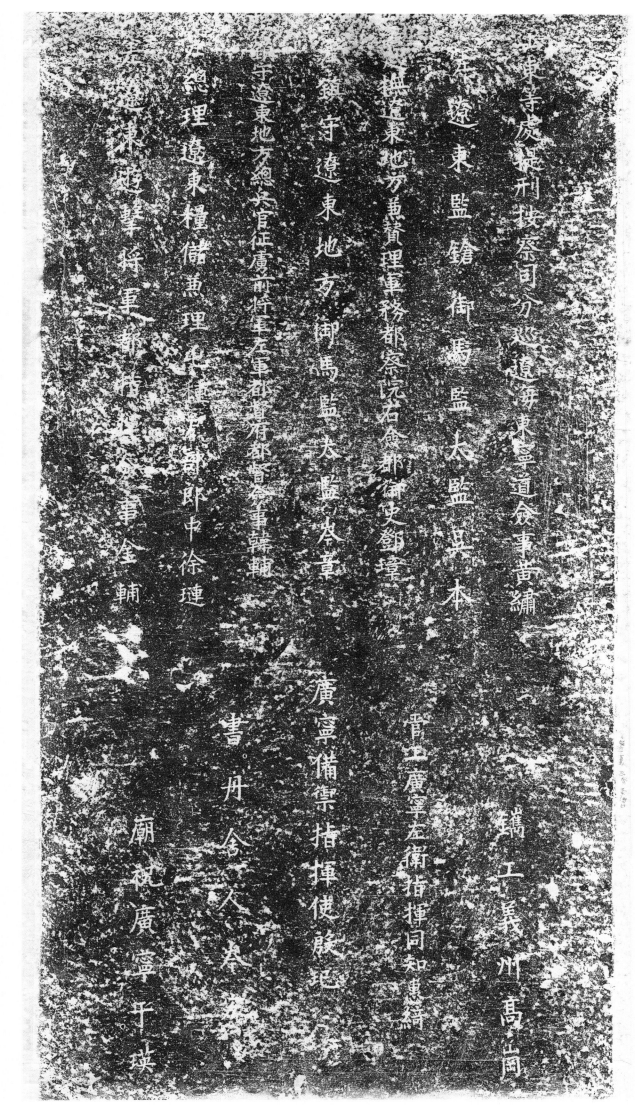

北鎮廟御祭祝文碑拓本（碑陰） 明正德元年

八 重修北鎮廟碑記

明正德四年

重修北鎮廟碑記，明正德四年（一五〇九）六月立，現存遼寧省錦州市北鎮廟院内西側碑廊。碑暗紫色沉積砂岩質，方趺圓首。碑首高六十八厘米，寬八十九點五厘米，厚二十五厘米。碑身高一百五十八厘米，寬八十一厘米，厚二十二厘米。碑座青灰色沉積砂岩質，爲長方形須彌座，長九十厘米，寬六十九厘米，高六十五厘米。碑額篆書「重修北鎮碑記」，三行六字；碑陽楷書，十四行，滿行二十九字；碑陰楷書，十六行，滿行二十七字。霍霑撰。

《奉天通志》（金毓黻等纂修，奉天通志局，一九三五年鉛印本）、《滿洲金石志稿》（園田一龜集録，南滿洲鐵路株式會社，一九三六年鉛印本）、《北寧市文物志》（趙傑、周洪山主編，遼寧民族出版社，一九九六年）、《遼寧碑志》（王晶辰主編，遼寧人民出版社，二〇〇二年）、《錦州市文物志》（趙振新、吴玉林主編，學苑出版社，二〇〇五年）均有著録。今據原碑照片及北鎮市考古和文物保護服務中心藏拓本録文。

碑文記明正德四年太監岑章命令當地官員重修北鎮廟之經過。

重修北鎮廟碑記碑（碑陽）　明正德四年

録文

碑陽

重脩北鎮廟碑記」

北鎮之封，肇自虞舜，歷代以來，罔不尊崇。洪惟我」朝，敬信尤篤。適正德改元春，太監岑公章奉」命簡拔來遼，鎮守是地。下車之初，齊明盛服，先謁是廟，然後行所鎮一邊之重」務也。及覩廟宇，歲久年深，不能無敝。遂命官經營相視，椽木衰朽者，則更」換之；瓦片損脱者，則脩葺之。所謂為難扵其易，圖大扵其細也。左右二司、」廊廡之舍，飾以黝堊；塑像神容之儀，粧以金碧。凡宫殿、神厨、墻壁，咸焕然」而一新；桅杆、旗面、旙仗，悉燦然而一美。群工既畢，令予為記。予以北鎮為」一方巨鎮，疆埸賴之以靜，邊氓托之以寧，天下又藉之以和平。今而三光」全而寒暑時，兩儀奠而萬物育。」國家如磐石之固，宗社若泰山之安。馬壯兵强，民康物阜，非神之力而誰歟？」矧公之敬神恤民，賢能素著，實中貴中之卓越者也。今而費貲重脩，荅神」賜，報神庥，不亦宜乎！謹記。」

正德四年歲次己〔一〕巳夏六月望日　廣寧儒學訓導霍霑記」

〔一〕原碑此字誤作「巳」。

重脩北鎮廟碑記
北鎮之封肇自虞帝歷代以來罔不尊崇洪惟我
朝敬信尤篤適正德改元春太監岑公章奉
命簡授來遼鎮守是地下車之初齋明盛服虔謁是廟然後行所鎮一邊之事
務也及覩廟宇歲久年深不能無敝遂命官經營相視椽木衰朽者則更
換之瓦片損脫者則脩葺之所謂為難於其易圖大於其細也左右二司
廊廡之舍飾以黝堊塑像神容之儀粧以金碧凡宮殿神廚墻壁咸□然
而一新梔杆旗面舊仗悉燦然而一美群工既畢令予為記予以北鎮為
一方巨鎮鍾揚頼之以靜邊衆仗之以寧天下又藉之以和平令而三光
全而寒暑時兩儀貞而萬物育
國家如磐石之固宗社若泰山之安馬壯兵强民康物阜非神之力而誰
矧公之敬神恤民賢能素著實中貴中之卓越者也今而費貲重脩答神
賜非神庥不亦宜乎謹記
正德四年歲次己巳夏六月望日廣寧儒學訓導霍霄記

重修北鎮廟碑記拓本（碑陽） 明正德四年

録文

碑陰

欽差鎮守遼東地方御馬監太監岑章𠃊
欽差鎮守遼東地方總兵官征虜前將軍□□□右都督毛倫𠃊
欽差巡撫遼東地方兼賛理軍務都察院□都御史劉瓛𠃊
欽差巡撫遼東地方兼賛理軍務都察院□都御史鄧璋𠃊
欽差鎮守遼東地方總兵官征虜前將軍左軍都督府都督僉事韓輔𠃊
欽差遼東監鎗御馬監太監吳本𠃊
欽差總理遼東糧儲兼理屯種户部郎中徐璉𠃊
欽差廣寧中路地方遊擊都□□僉事韓璽、𠃊金輔𠃊
山東行太僕寺少卿黄繡𠃊
山東等處提刑按察司分巡遼海東寧道僉事許莊𠃊
廣寧備禦都指揮僉事殷玘、魯祥𠃊
廣寧中軍都指揮僉事張銘、高欽𠃊
督工：廣寧左衛指揮同知惠綺𠃊
書丹：廣寧儒學生員吳一中𠃊
義州衛鐫工：高崗𠃊
廟祝：于瑛𠃊

重修北鎮廟碑記拓本（碑陰）　明正德四年

九　北鎮廟御祭祝文碑

明正德八年

北鎮廟御祭祝文碑，明正德八年（一五一三）正月十五日立，現存遼寧省錦州市北鎮廟院内東側碑廊。碑暗紫色沉積砂岩質，龜趺圓首。碑首高六十七厘米，寬九十三厘米，厚二十九厘米。碑身高一百六十厘米，寬八十三厘米，厚二十二厘米。龜趺首尾長二百九十厘米，寬一百一十三厘米，高八十三厘米。碑陽楷書，十行，滿行二十九字。碑陰無字。北鎮廟中尚有一碑（見下文碑一〇）與此碑時間、致祭人、碑文一致，所不同之處在於該碑碑陰無字，推測該碑爲廢碑，後重立於北鎮廟。

《錦州府志》（劉源溥等纂修，清康熙二十二年刻本）、《欽定盛京通志》（阿桂等纂修，清乾隆年間刻本）、《北鎮縣志》（王文璞等纂修，一九三三年石印本）、《奉天通志》（金毓黻等纂修，奉天通志局，一九三五年鉛印本）均有著録。今據原碑照片及北鎮市考古和文物保護服務中心藏拓本録文。

碑文記明武宗派遣張敏德祭祀北鎮廟之經過。

北鎮廟御祭祝文碑（碑陽） 明正德八年

録文

碑陽

維正德六年歲次辛未十月戊寅朔越八日乙酉，⌞皇帝謹遣山東等處承宣布政使司經歷張敏德，祭告于⌞北鎮醫巫閭山之神，⌞

曰：去歲以來，寧夏作孽，命官致討，逆黨就擒，内变肅清，中外底定，匪承洪佑，⌞曷克臻兹？因循至今，未申告謝。属者，

四方多事，水旱相仍，餓莩載塗，人民困⌞苦，盜賊嘯聚，剿捕未平，循省咎由，寔深兢惕。伏望⌞神慈昭鑒，幽贊⌞化機，

灾沴潛消，休祥叶應，永庇生民。謹⌞告。⌞

正德八年春正月十五日立⌞

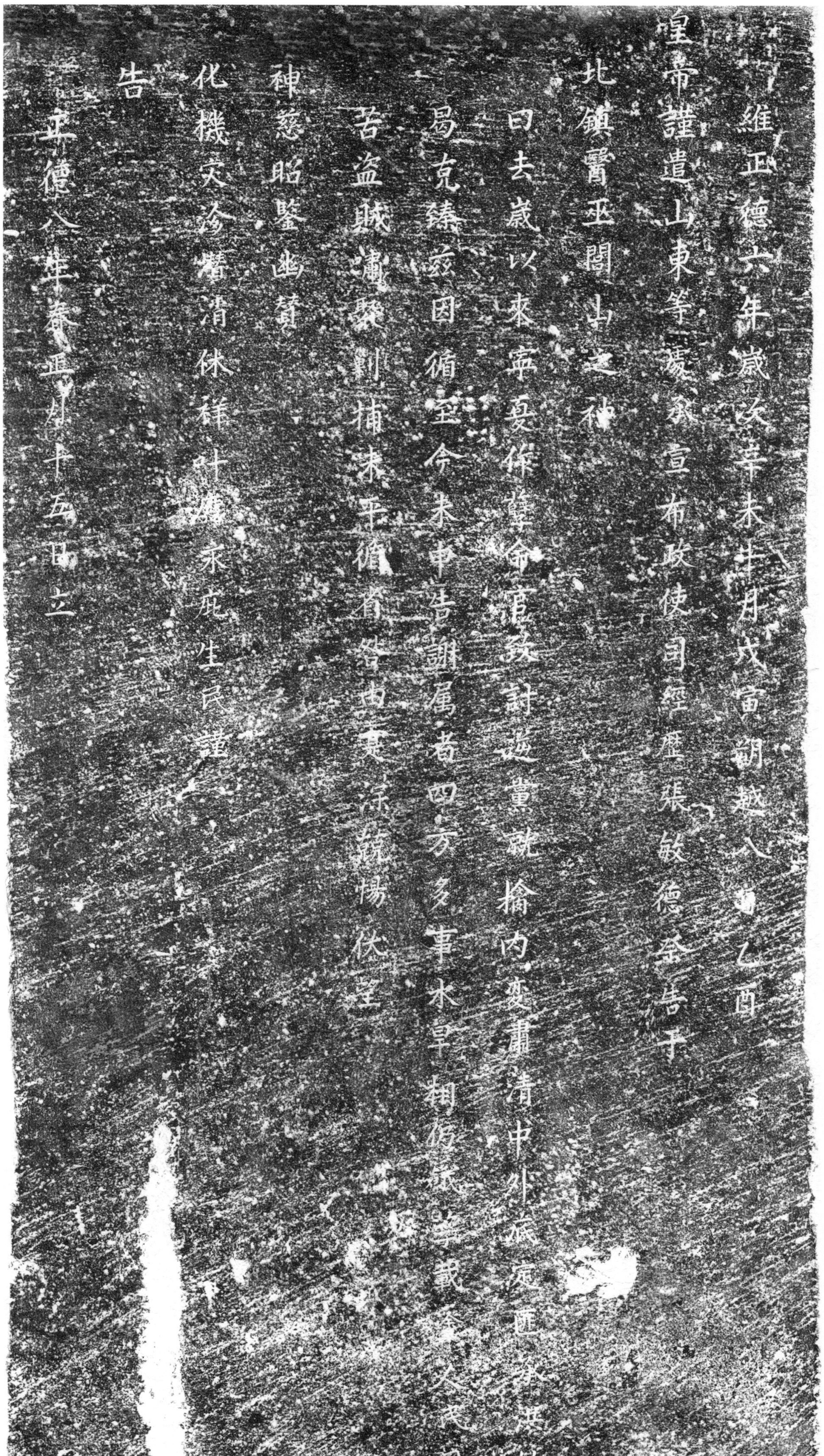

維正德六年歲次辛未十月戊寅朔越八日乙酉
皇帝謹遣山東等處承宣布政使司經歷張敏德 告于
北鎮醫巫閭山之神
曰去歲以來寧夏儕孽命官致討逆黨就擒內變肅清中外底定匪承洪佑
曷克臻茲因循至今未申告謝屬者四方多事水旱相仍流亡載途人民困
苦盜賊竊發剿捕未平循省咎由曷深兢惕伏望
神慈昭鑒幽贊
化機災沴潛消休祥叶應永庇生民謹
告
正德八年春正月十五日立

北鎮廟御祭祝文碑拓本（碑陽） 明正德八年

一〇 北鎮廟御祭祝文碑

明正德八年

北鎮廟御祭祝文碑，明正德八年（一五一三）春正月十五日立，現存遼寧省錦州市北鎮廟院内東側碑廊。碑暗紫色沉積砂岩質，龜趺螭首。碑首高九十厘米，寬一百零一厘米，厚二十八厘米。碑身高一百七十七厘米，寬九十厘米，厚二十六厘米。龜趺首尾長二百五十六厘米，一百零八厘米，高八十五厘米。碑額篆書「御祭祝文」，二行四字；碑陽楷書，十二行，滿行二十二字；碑陰楷書，七行，滿行二十六字。

《錦州府志》（劉源溥等纂修，清康熙二十二年刻本）、《欽定盛京通志》（阿桂等纂修，清乾隆年間刻本）、《北鎮縣志》（王文璞等纂修，一九三三年石印本）、《奉天通志》（金毓黻等纂修，奉天通志局，一九三五年鉛印本）、《滿洲金石志稿》（園田一龜集録，南滿洲鐵路株式會社，一九三六年鉛印本）、《北寧市文物志》（趙傑、周洪山主編，遼寧民族出版社，一九九六年）、《遼寧碑志》（王晶辰主編，遼寧人民出版社，二〇〇二年）、《錦州市文物志》（趙振新、吴玉林主編，學苑出版社，二〇〇五年）均有著録。今據原碑照片及北鎮市考古和文物保護服務中心藏拓本録文。

碑文記明武宗派遣張敏德祭祀北鎮廟之經過。

北鎮廟御祭祝文碑（碑陽） 明正德八年

録文

碑陽

維∟正德六年歲次辛未十月戊寅朔越八日乙酉，∟皇帝謹遣山東等處承宣布政使司經歷張敏德，祭告于∟北鎮醫巫閭山之
神，∟曰：去歲以來，寧夏作孽，命官致討，逆黨就擒，内變肅∟清，中外底定，匪承洪佑，曷克臻兹？因循至今，未申告∟謝。
屬者，四方多事，水旱相仍，餓莩載塗，人民困苦，盜∟賊嘯聚，剿捕未平，循省咎由，實深兢惕。伏望∟神慈昭鑒，幽贊∟化機，
災沴潛消，休祥叶應，永庇生民。謹∟告。∟

正德八年春正月十五日立∟

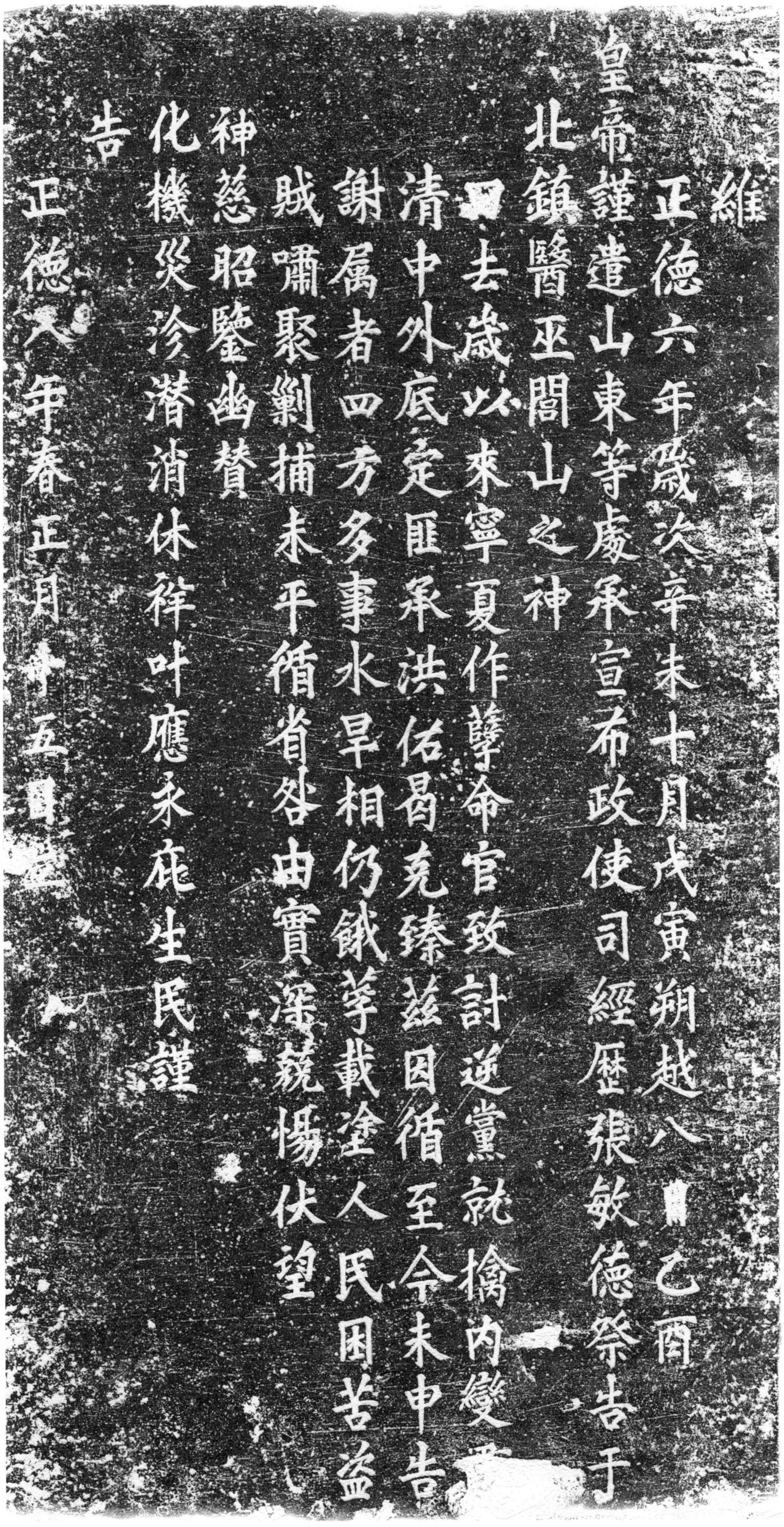
維
正德六年歲次辛未十月戊寅朔越八日乙酉
皇帝謹遣山東等處承宣布政使司經歷張敏德祭告于
北鎮醫巫閭山之神
曰去歲以來寧夏作孽命官致討逆黨就擒內變肅
清中外底定匪承洪佑曷克臻茲因循至今未申告
謝屬者四方多事水旱相仍饑莩載塗人民困苦盜
賊嘯聚剿捕未平循省咎由實深兢惕伏望
神慈昭鑒幽賛
化機災沴潛消休祥叶應永庇生民謹
告
正德八年春正月十五日立

北鎮廟御祭祝文碑拓本（碑陽） 明正德八年

録文

碑陰

欽差鎮守遼東御馬監太監岑章∟
欽差巡撫遼東贊理軍務都察院右副都御史張貫∟
欽差鎮守遼東總兵官征虜前將軍左軍都督府署都督僉事韓璽∟
欽差遼東監鎗御馬監太監吳本∟
欽差總理遼東糧儲兼理屯種户部郎中張偉∟
山東等處提刑按察司分巡遼海東寧道僉事蔡芝∟
遼東都司廣寧備禦都指揮僉事魯祥∟

北鎮廟御祭祝文碑拓本（碑陰） 明正德八年

一一 重修四塔鋪關王廟碑記

明嘉靖元年

重修四塔鋪關王廟碑記，明嘉靖元年（一五二二）立，現存北鎮廟院内寢宫東側臺下。碑暗紫色沉積砂岩質，方趺圓首，碑首、碑趺皆丢失。碑身高一百四十二厘米，寬七十八厘米，厚二十厘米。碑座青灰色沉积砂岩質，为长方形须弥座。碑額楷書「重脩碑記」，二行四字；碑陽楷書，二十行，满行三十四字；碑陰剥蝕嚴重，碑文難以辨識。李鑑書丹。

《滿洲金石志稿》（園田一龜集録，南滿洲鐵路株式會社，一九三六年鉛印本）、《北寧市文物志》（趙傑、周洪山主編，遼寧民族出版社，一九九六年）均有著録。今據原碑照片及北鎮市考古和文物保護服務中心藏拓本録文。

碑文記重修四塔鋪關王廟之經過。

重修四塔铺关帝廟碑記（碑陽） 明嘉靖元年

録文

碑陽

重脩四塔鋪閻王廟碑記」

鍾秀南去三十里許，有地名泥河□□□□□[一]西北有泉湧出，而鍾秀巨壑，支流又萃▯[二]。」盖以西北高拱，東南傾伏，凡使臣、□□[三]與夫□□□[四]情往來於途者，遇亢旱▯[五]」患其滓没。前鎮守太監岑公章，軍務□[六]暇，慨□[七]途之濘，遂捐資而建橋一座，名曰「廣濟」，▯[八]」垂不朽也。橋之東北隅，又建」閻王廟，以當要路，用鎮水患、息煙塵，保我」皇圖於鞏固也。其殿亭門廊間數，皆以三焉，取象於三才也。門之東西又立小門，便□□[九]者之▯[一〇]」址長二引，闊一引，垣壁飾而匝以樹者，嚴廟貌之規模也。買地六十畝，乃千户田進之祖□[一一]，▯[一二]」之须咸賴是出焉。督其工者，則有千户田進、

〔一〕此處「□□□□□」五字不可識，《滿洲金石志稿》作「者，冬夏不乾」。
〔二〕原碑此處漫漶不清，《滿洲金石志稿》作「於斯。是河也」。
〔三〕此處「□□」二字不可識，《滿洲金石志稿》作「商賈」。
〔四〕此處「□□□」三字不可識，《滿洲金石志稿》作「飛報軍」。
〔五〕原碑此處漫漶不清，《滿洲金石志稿》作「則患其淤陷，遇淫雨則」。
〔六〕此處「□」一字不可識，《滿洲金石志稿》作「有」。
〔七〕此處「□」一字不可識，《滿洲金石志稿》作「斯」。
〔八〕原碑此處漫漶不清，《滿洲金石志稿》作「咸以石作，用」。
〔九〕原碑此處漫漶不清，《滿洲金石志稿》作「事」。
〔一〇〕原碑此處漫漶不清，《滿洲金石志稿》作「出入也。基」。
〔一一〕此處「□」一字不可識，《滿洲金石志稿》作「業」。
〔一二〕原碑此處漫漶不清，《滿洲金石志稿》作「而香火」。

陸璽；事以香火者，則委以僧人義空、祖王□〔一〕，」而往來祈祝者響應。惜乎歲月既久，而廟之飛翬墁畫，與夫橋之甃券者，不免於朽壞傾□〔二〕」陋。嘉靖改元流火月望旦，鎮守太監白公政理之餘，遇旱而南遊，省視農事，謁拜玆廟，□〔三〕」見廟宇傾頹，傷嘆不已，歸而議之於巡撫都御史李公、鎮守總戎郤公等，欲捐資重脩其□〔四〕」曰宜之。遂委旗牌李進忠董其工，且諭之以無欲速、無勞民。而進忠奮然以白公之言爲□〔五〕□〔六〕」者更之，傾頹者整之，脫落者脩之，早敝於前者，煥然新於後，固盛舉也，其功顧不偉與。噫！□〔七〕」其資，而樂然以脩於廟橋者，乃便民為」國之舉，實王政之當行也。視彼子產溱洧之濟，文仲居蔡之為，示私恩小惠、不務大〔八〕義而□〔九〕，」盖天淵矣。復以發緣暨有功人員，悉刻碑陰，因以記焉。」

大明嘉靖元年歲次壬午孟秋月下旬吉旦置」

鍾秀儒林優等□學生曾繼先撰，」府録書辦義寗李鑑書」

〔一〕原碑此處漫漶不清，《滿洲金石志稿》作「也。玆廟立」。

〔二〕原碑此處漫漶不清，《滿洲金石志稿》作「頹□落之」。

〔三〕原碑此處漫漶不清，《滿洲金石志稿》作「用祈雨澤，曾」。

〔四〕原碑此處漫漶不清，《滿洲金石志稿》作「寺，公等僉」。

〔五〕此處「□」一字不可識，《滿洲金石志稿》作「已」。

〔六〕原碑此處漫漶不清，《滿洲金石志稿》作「任，朽壞」。

〔七〕原碑此處漫漶不清，《滿洲金石志稿》作「公之不吝」。

〔八〕《滿洲金石志稿》此字作「民」。

〔九〕原碑此處漫漶不清，《滿洲金石志稿》作「諂瀆鬼神者」。

重修四塔鋪關帝廟碑記拓本（碑陽）　明嘉靖元年

一二 移武安王祠記碑

明嘉靖二十八年

移武安王祠記碑，明嘉靖二十八年（一五四九）立。（《北寧市文物志》稱此碑原立於北鎮縣城南門外關帝廟内，一九八五年，北鎮縣外貿局將廟拆除，利用廟址建起外貿大樓，碑經北鎮縣民族事務委員會移立於崇興寺廟前），現存北鎮廟院内寢宫東側臺下。碑暗紫色沉積砂岩質，龜趺螭首。碑首高九十厘米，寬九十四厘米，厚二十五厘米。碑身高二百一十八厘米，寬九十厘米，厚二十三厘米。龜趺花崗岩質，首尾長二百三十厘米，寬九十八厘米，高九十厘米。碑額篆書「移武安王祠記」，二行六字；碑陽楷書，十九行，滿行四十六字；碑陰楷書，十行，滿行二十八字。朱屏撰。

《滿洲金石志稿》（園田一龜集録，南滿洲鐵路株式會社，一九三六年鉛印本）、《北寧市文物志》（趙傑、周洪山主編，遼寧民族出版社，一九九六年）均有著録。今據原碑照片及北鎮市考古和文物保護服務中心藏拓本録文。

碑文記蔣公於北鎮重建武安王祠之經過。

移武安王祠記（碑陽） 明嘉靖二十八年

録文

碑陽

移武安王祠記∟

武安王祠，舊在城南演武亭之左。城市村居士女，俗尚每歲五月十三日，咸若囚繫狀謁廟，以求自贖。□〔一〕∟聖王以神道設教天下，俗相沿不廢焉。緣士女絡繹於演武場中，非軍旅取生氣，從吉意也。我∟東瀾蔣公奉∟命撫揗兹土，持繩秉鉞，百度維貞，因聞而嘆曰：記有之爲尊者諱，爲親者諱，矧軍旅國之大事，固獨不可□□□。□□〔二〕□∟得城南隅隙地若干丈，迺命官督匠氏司其事。木之楝榱取諸材者，磚瓦取諸堅而正者，灰取諸可□□，□□□〔三〕□∟積羨者。前樹門三間，中樹廳三間，後樹寢室五間，左右廂房各三間。周以牆壁，繚以棘茨。經始於季□，□□□□〔四〕□。□∟不知費，而民忘劳焉。視舊猶敞且肅，寔足以安神靈、起民瞻也。迺擇主者，迺得致政張國史。張早年□□，□□□〔五〕□□∟曆有餽者，每却之，有一介不取風。歸家蕭然，沒齒無怨言，卿士大夫咸重之。夫地以廟勝，廟以人勝，□□□□〔六〕，□□∟惟祀典，以劳定國則祀之，以死勤事則祀之，能禦大灾則祀之，能捍大患則祀之，法施於民則祀之。□□，□□□□〔七〕祀∟之，謂祀之曰滛。維王委身漢室，忠義素激，其用武謀畧，得於精閲《春秋》。觀其言曰：心之在人中，猶日之□□□□。□□〔八〕：□∟好心，説好話，行好事，

〔一〕此處「□」一字不可識，《奉天通志》作「維」。
〔二〕此處「□□□。□□」五字不可識，《奉天通志》作「無諱乎。迺度」。
〔三〕此處「□□，□□□」五字不可識，《奉天通志》作「塗者，工費取」。
〔四〕此處「□，□□□□」五字不可識，《奉天通志》作「秋，落成於仲」。
〔五〕此處「□□，□□□」五字不可識，《奉天通志》作「發科，歷任幾」。
〔六〕此處「□□□□□」五字不可識，《奉天通志》作「神人不相依」。
〔七〕此處「□□，□□□□」六字不可識，《奉天通志》作「否則，非所祀而」。
〔八〕此處「□□□□。□□」六字不可識，《奉天通志》作「在天上也。又曰」。

做好人，悉根道義，足範來學。故廼扶炎祚於重燃，垂勳名於百世，威靈之感召，□□□□□□〔一〕，□∟稽其祀之也固宜。昔者，狄仁傑巡撫江南，毀淫祠甚衆，而獨存子胥等四廟，迄今頌之不衰。王固有□□□□□，□〔二〕∟公不繼響於仁傑矣乎。君子曰：茲役也，可以見事神之禮焉，可以見重兵之仁焉，可以見敬老之義□，□□□□□□〔三〕∟化焉。一舉而衆善集，可以風矣。維時，振揚風紀，崇正敦教，有巡按河南徐君；尚武崇祀，共協經理，有□□□□□□〔四〕；□∟賦裕邊，同事贊襄，有地卿恒陽王君。廼若苑馬稷山任子，分守燕京榮子，兵備渭南賀子，遊戎開原□□，□□□□〔五〕□。∟屏適代分巡道事，故不能以不文辭，而樂為之記。若夫∟瀾翁胷中制作，與山海同流峙矣。後有太史公之筆，在此何足云。∟

嘉靖二十八年己酉仲冬　遼東行太僕寺少卿朱屏撰∟

〔一〕此處「□□□□□□」六字不可識，《奉天通志》作「章章於方册者」。

〔二〕此處「□□□□□，□」六字不可識，《奉天通志》作「光於子胥矣，我」。

〔三〕此處「□，□□□□□□」七字不可識，《奉天通志》作「焉，可以見崇廉之」。

〔四〕此處「□□□□□□」六字不可識，《奉天通志》作「總戎延綏李君」。

〔五〕此處「□□，□□□□」六字不可識，《奉天通志》作「許子，皆聿觀厥」。

移武安王祠記碑拓本（碑陽額） 明嘉靖二十八年

移武安王祠記碑拓本（碑陽）　明嘉靖二十八年

録文

碑陰

欽差巡撫遼東地方兼賛理軍務都察院右副都御史蔣應奎
欽差□□前將軍鎮守遼東地方總兵官左軍都督府署都督僉事李琦
巡按山東監察御史徐洛
欽差總理遼東糧儲兼理屯種户部郎中王撫民
遼東苑馬寺卿任佐
遼東行太僕寺少卿朱屏
山東等處承宣布政使司分守遼海東寧道右条議榮愷
山東等處提刑按察司分巡遼海東寧道僉事劉尚義
欽差整飭遼東開原等處兵備道按察司僉事賀府
欽差遼東遊擊將軍都指揮僉事許崇

移武安王祠記碑拓本（碑陰）　明嘉靖二十八年

一三 北鎮廟御祭祝文碑

明隆慶元年

北鎮廟御祭祝文碑，明隆慶元年（一五六七）九月十六日立，現存於遼寧省錦州市北鎮廟院内西側碑廊。碑暗紫色沉積砂岩質，龜趺螭首。碑首高九十九厘米，寬一百二十三厘米，厚四十一厘米。碑身高二百八十三厘米，寬一百一十三厘米，厚三十三厘米。龜趺首尾長二百八十九厘米，寬一百一十五厘米，高七十四厘米。碑額篆書「御祭祝文」，二行四字；碑陽楷書，九行，滿行十九字；碑陰楷書，十七行，滿行三十字。黄堂書篆，張仲德刊石。

《錦州府志》（劉源溥等纂修，清康熙二十二年刻本）、《滿洲金石志稿》（園田一龜集録，南滿洲鐵路株式會社，一九三六年鉛印本）、《北寧市文物志》（趙傑、周洪山主編，遼寧民族出版社，一九九六年）、《遼寧碑志》（王晶辰主編，遼寧人民出版社，二〇〇二年）、《錦州市文物志》（趙振新、吴玉林主編，學苑出版社，二〇〇五年）均有著録。今據原碑照片及北鎮市考古和文物保護服務中心藏拓本録文。

碑文記皇帝派遣忻城伯趙祖征祭祀北鎮廟之經過。

北鎮廟御祭祝文碑（碑陽） 明隆庆元年

録文

碑陽

維隆慶元年歲次丁卯九月壬子朔十六日丁卯，∟皇帝遣忻城伯趙祖征，致祭于∟北鎮醫巫閭山之神，∟曰：惟∟神永峙北土，功宣保鎮，安民阜物，萬世賴焉。∟兹予嗣纘丕圖，謹用祭告，∟神其歆鑒，奠我邦家，尚∟享！∟

隆慶元年九月十六日立∟

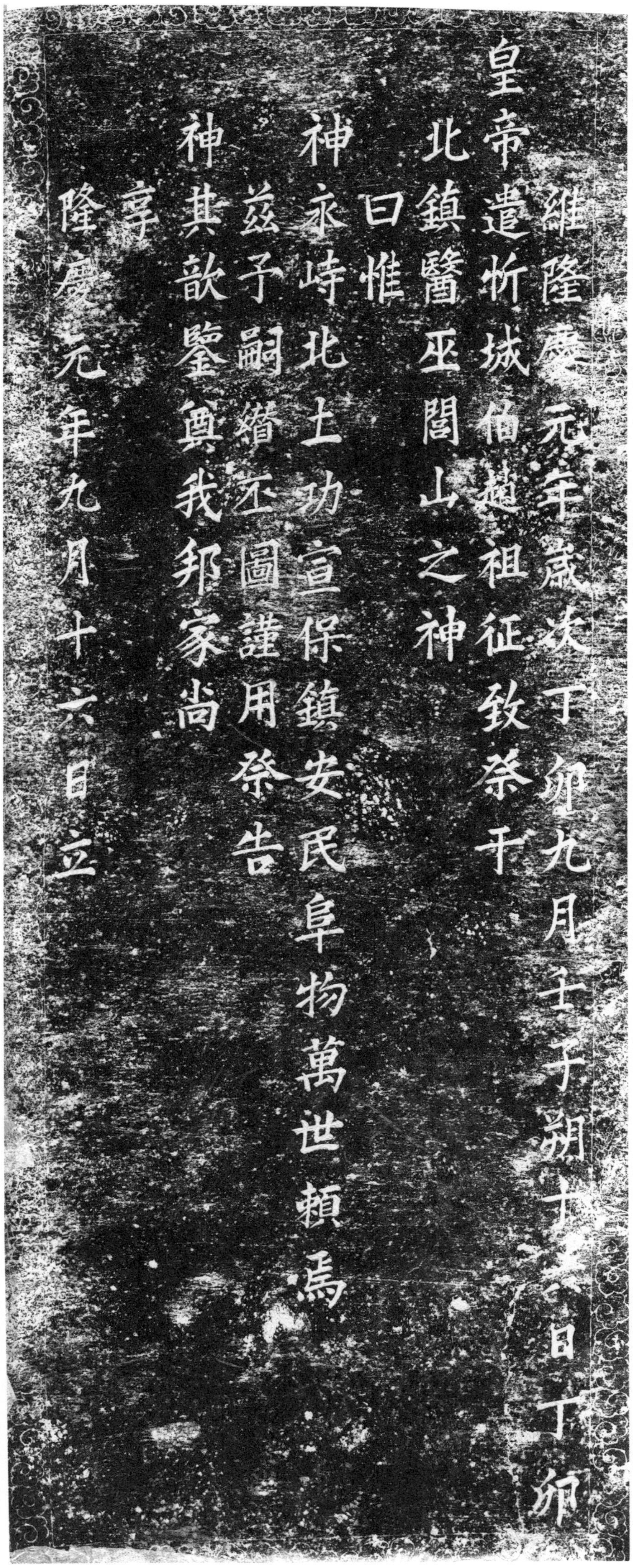
維隆慶元年歲次丁卯九月壬子朔十六日丁卯
皇帝遣忻城伯趙祖征致祭于
北鎮醫巫閭山之神
曰惟
神永峙北土功宣保鎮安民阜物萬世賴焉
茲予嗣纘丕圖謹用祭告
神其歆鑒輿我邦家尚
享
隆慶元年九月十六日立

北鎮廟御祭祝文碑拓本（碑陽）　明隆慶元年

録文　碑陰

欽差巡撫遼東地方兼賛理軍務都察院右僉都御史魏學曾」
欽差征虜前將軍鎮守遼東地方總兵官右軍都督府署都督僉事王治道」
巡按山東監察御史蔡應陽」
欽差總理遼東糧儲兼理屯種户部郎中丁誠」
欽差山東按察司副使兼布政司右叅議分守遼海東寧道帶管守備張邦土」
欽差分巡遼海東寧道兼整飭廣寧等處兵備山東按察司僉事何棨」
欽差遼東遊擊將軍署都指揮僉事郭承恩」
欽依遼東鎮坐营中軍以都指揮體統行事指揮同知王世禄、陳夔」
欽依廣寧鎮城備禦以都指揮體統行事指揮僉事王永祜」
山東濟南府駐劄廣寧通判周世臣」
廣寧四衛掌印指揮王勲、魯勲、趙傾芹、周世勲」
廣寧儒學署印訓導曾文鳳」
總督管工委官原任備禦李質」
管工委官指揮許國忠」
廣寧衛舍人黄堂書篆」
侍香廟祝崔尚義」
石匠張仲德鐫字」

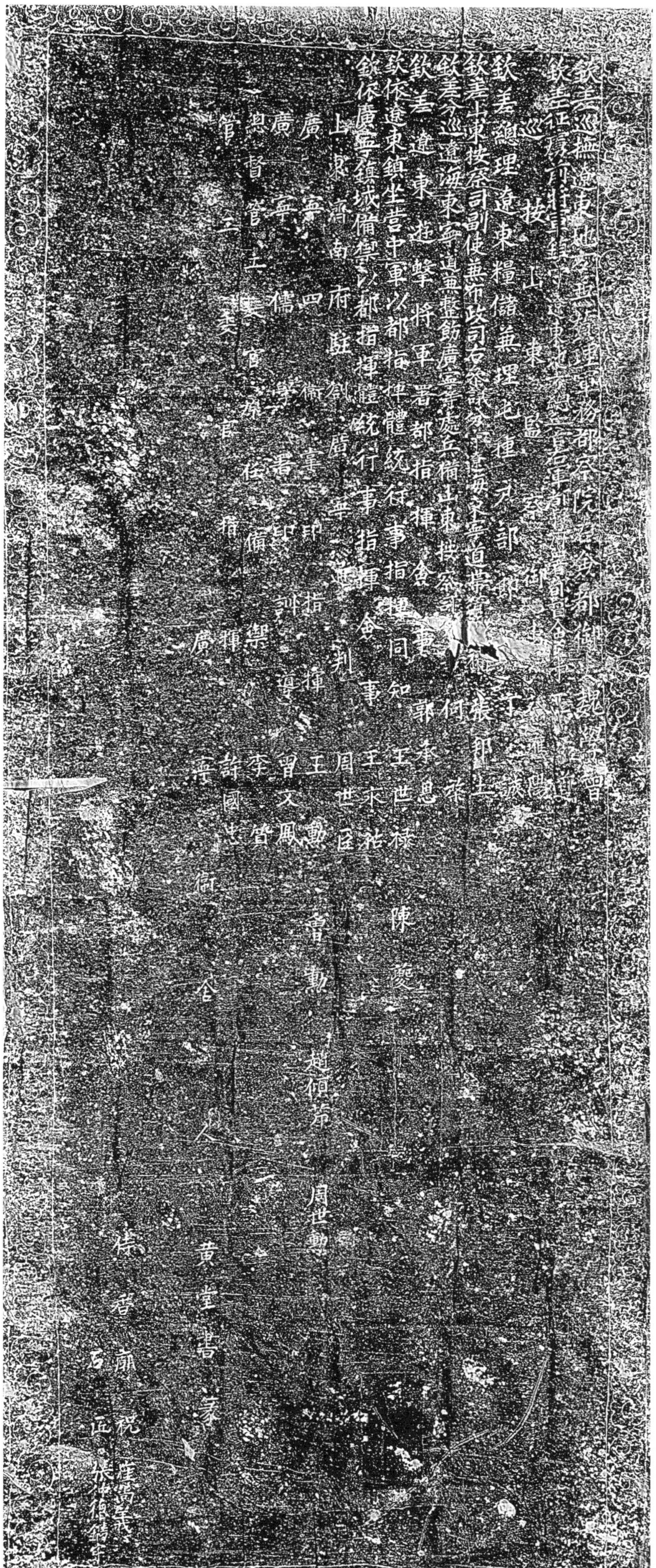

北鎮廟御祭祝文碑拓本（碑陰） 明隆慶元年

一四　北鎮廟御祭祝文碑

明萬曆元年

北鎮廟御祭祝文碑，明萬曆元年（一五七三）五月十三日立，現存遼寧省錦州市北鎮廟院内西側碑廊。碑暗紫色沉積砂岩質，龜趺螭首。碑首高一百零八厘米，寬一百三十厘米，厚三十五厘米。碑身高二百七十二厘米，寬一百二十一厘米，厚二十九厘米。龜趺首尾長三百三十三厘米，寬一百二十六厘米，高九十厘米。碑額篆書「御祭祝文」，二行四字；碑陽楷書，九行，滿行二十字；碑陰楷書，二十五行，滿行三十五字。劉希武篆額，林世鳳書丹。

《滿洲金石志稿》（園田一龜集録，南滿洲鐵路株式會社，一九三六年鉛印本）、《北寧市文物志》（趙傑、周洪山主編，遼寧民族出版社，一九九六年）、《遼寧碑志》（王晶辰主編，遼寧人民出版社，二〇〇二年）、《錦州市文物志》（趙振新、吴玉林主編，學苑出版社，二〇〇五年）均有著録。今據原碑照片及北鎮市考古和文物保護服務中心藏拓本録文。

碑文記皇帝派遣懷柔伯施光祖祭祀北鎮廟之經過。

北鎮廟御祭祝文碑（碑陽） 明萬曆元年

録文　碑陽

維萬曆元年歲次癸酉三月辛巳[一]朔二十五日乙巳[二]，∟皇帝遣懷柔伯施光祖，致祭于∟北鎮醫巫閭山之神∟，曰：惟∟神永峙北土，功宣保鎮，安民阜物，萬世賴焉。兹予嗣纘∟丕圖，謹用祭告，∟神其歆鑒，奠我邦家，尚∟享！∟

萬曆元年五月十三日立∟

[一] 原碑此字誤作「己」。
[二] 原碑此字誤作「己」。

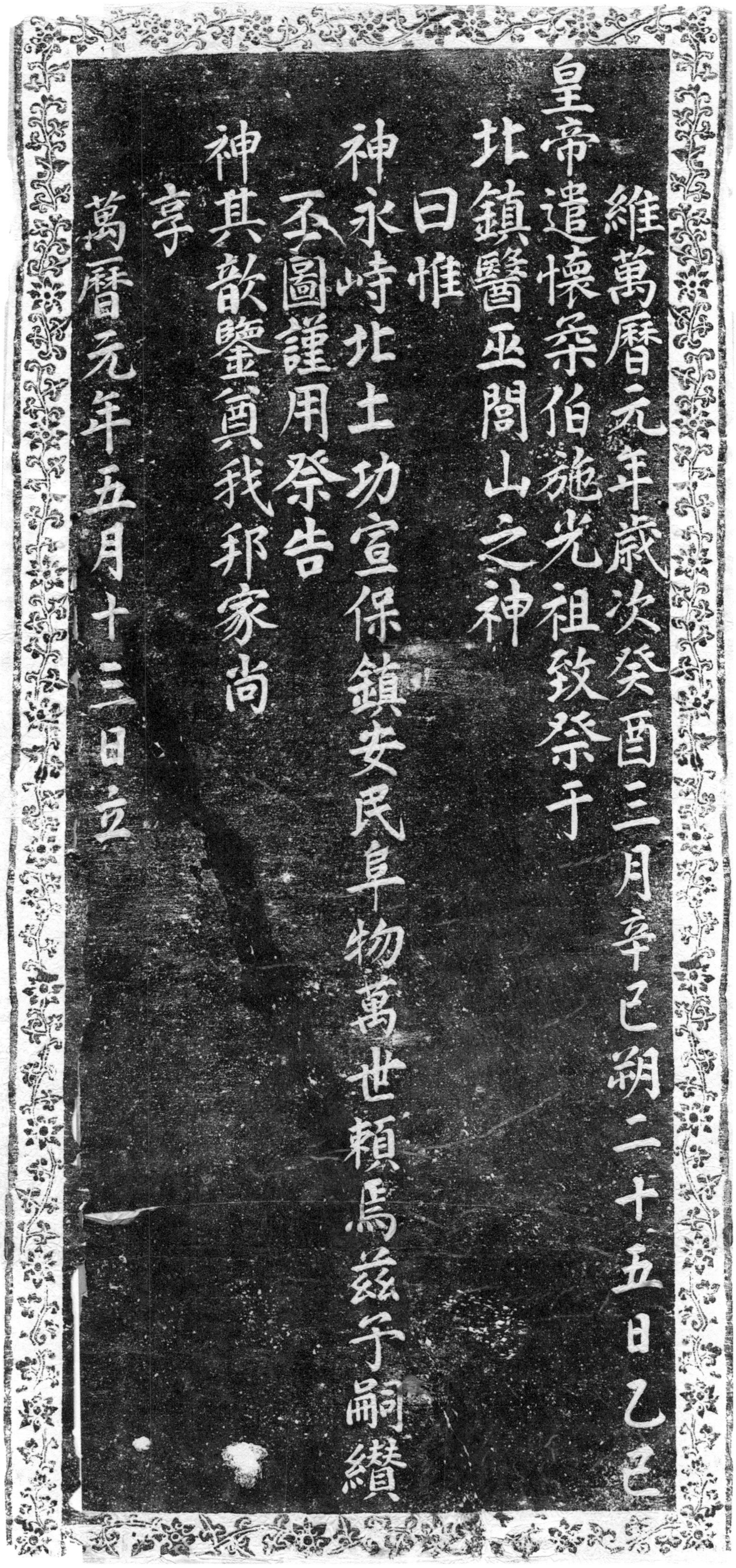

維萬曆元年歲次癸酉三月辛巳朔二十五日乙巳
皇帝遣懷柔伯施光祖致祭于
北鎮醫巫閭山之神
曰惟
神永峙北土功宣保鎮安民阜物萬世賴焉茲予嗣纘
丕圖謹用祭告
神其歆鑒奠我邦家尚
享
萬曆元年五月十三日立

北鎮廟御祭祝文碑拓本（碑陽）　明萬曆元年

録文

碑陰

欽差巡撫遼東地方兼贊理軍務都察院右副都御史張學顏㇄
欽差征虜前將軍鎮守遼東地方總兵官左軍都督府都督同知李成梁㇄
巡按山東監察御史朱文科㇄
欽差總理遼東糧儲兼理屯種户部郎中王念㇄
欽差分守遼海東寧道兼理邊備屯田山東按察司副使兼叅議李鶚㇄
欽差分巡遼海東寧道兼整飭廣寧等處兵備山東提刑按察司僉事賀溱㇄
欽差整飭金、復、蓋等處地方兵備兼管屯田遼東苑馬寺卿兼山東按察司僉事朱奎㇄
欽差整飭海州等處兵備遼東行太僕寺少卿兼山東按察司僉事朱應時㇄
欽差整飭遼東開原等處兵備兼屯田山東布政使司右叅議兼僉事王之弼㇄
欽差整飭遼東寧前等處兵備兼管屯田山東按察司僉事李松㇄
欽差遼東遊擊將軍署都指揮僉事傅廷勳㇄
標下中軍叅將都指揮使趙應昌㇄
遼東鎮坐营中軍都指揮同知楊五典㇄
山東濟南府駐劄廣寧通判竇文㇄
廣寧鎮城備禦以都指揮體統行事武舉指揮僉事王惟屏㇄
廣寧等四衛掌印指揮董文貴、徐澄、㇄陳一鶚、潘瓚㇄
廣寧儒學教授韓之良㇄
訓導王夢周㇄
委官原任守備武舉指揮使李尚元㇄
東寧衛指揮劉希武篆額㇄
舍人林世鳳書丹㇄
廟祝崔尚義㇄
鐫字匠李昌、㇄張賢㇄

欽差巡撫遼東地方兼贊理軍務都察院右副都御史張學顔
欽差征虜前將軍鎮守遼東地方總兵官左軍都督府都督同知李成梁
巡按山東監察御史朱文科
欽差總理遼東糧儲兼理屯種戶部郎中王念
欽差分守遼海東寧道兼理邊備屯田山東按察司副使兼參議李鶚
欽差分巡遼海東寧道兼整飭廣寧等處兵備山東提刑按察司僉事賀溱
欽差整飭金復蓋等處地方兵備兼管屯田遼東苑馬寺卿兼山東按察司僉事朱奎
欽差整飭海州等處兵備遼東行太僕寺少卿兼山東按察司僉事朱應時
欽差整飭遼東開原等處兵備兼屯田山東布政使司右參議兼僉事王之衡
欽差整飭遼東寧前等處兵備兼管屯田山東按察司僉事李松
欽差遼東遊擊將軍署都指揮僉事傅廷勳
標下中軍參將都指揮使趙應昌
遼東鎮坐營中軍都指揮同知楊五典
廣寧鎮城備禦署都指揮體統行事武舉指揮僉事王惟屏
山東濟南府駐劄廣寧通判竇文
廣寧等四衛掌印指揮董文貴 徐澄
廣寧儒學教授 陳一鶚 潘璐
訓導 韓之良 王夢周
委官原任守備武舉指揮使李尚元
東寧衛指揮劉希武篆額
舍人林世鳳書丹
廟祝崔尚義 李昌
鐫字匠張

北鎮廟御祭祝文碑拓本（碑陰） 明萬曆元年

一五　重修北鎮廟記碑

明萬曆三十四年

重修北鎮廟記碑，明萬曆三十四年（一六〇六）立，現存於遼寧省錦州市北鎮廟院内東側碑廊。碑黄色沉積砂岩質，龜趺螭首。碑首高一百一十厘米，寬一百一十一厘米，厚三十五厘米。碑身高二百一十六厘米，寬一百零四厘米，厚三十厘米。龜趺首尾長三十厘米，寬一百一十厘米，高八十四厘米。碑額篆書「重脩北鎮廟記」，二行六字；碑陽楷書，十四行，滿行四十四字；碑陰楷書，三十五行，滿行三十六字。沈大方書丹并篆額。

《奉天通志》（金毓黻等纂修，奉天通志局，一九三五年鉛印本）、《滿洲金石志稿》（園田一龜集録，南滿洲鐵路株式會社，一九三六年鉛印本）、《北寧市文物志》（趙傑、周洪山主編，遼寧民族出版社，一九九六年）、《遼寧碑志》（王晶辰主編，遼寧人民出版社，二〇〇二年）、《錦州市文物志》（趙振新、吴玉林主編，學苑出版社，二〇〇五年）均有著録。今據原碑照片及北鎮市考古和文物保護服務中心藏拓本録文。

碑文記北鎮廟遭遇破壞後重修之經過。

重修北鎮廟記碑（碑陽） 明萬曆三十四年

録文

碑陽

重修北鎮廟記∟

粤古以∟神道御世，而祀典之所伊始；暨紫望祭告，而方嶽之所由立。玆醫巫閭山，實古幽州之域，∟以豫冀之景測之，則是鎮在諸嶽之北，因命之曰北鎮。則鍾簴廟貌，歲時旅祭也舊矣。恭∟唯我∟皇明御極，禮樂漸摩，山川各位其位，裸[一]將時享其亭，盖誠已。乃所以成物安神，寔所以□□□。∟迄今∟聖天子龍飛九五，∟聖敬日躋，首念及玆。而海宇奠安者，一敬□神道之影響，則重修歴今，盖三十有四載。□□□∟鎮守而莅玆土，目擊圮壞，心甚駭焉。竊計先聖以鄉人儺而恐驚五祀，殿宇頹連□□，□∟以安閭山乎？神不安，欲捍患禦灾者無策；民不邺，縱鞠躬盡瘁者何補[二]？因憫斯境之□，□∟念報國之深，故亟亟然捐俸探囊，市材鳩工，修葺整飭。亦荷董事群工，心賞□念慮，黔首∟匪躬∟國家，莫不子来畢力，不數月而告成。若或默佑者，謹誌之扵左。∟

皇明萬曆丙午夏純陽月穀旦立∟

[一] 原碑如此。
[二] 原碑如此。

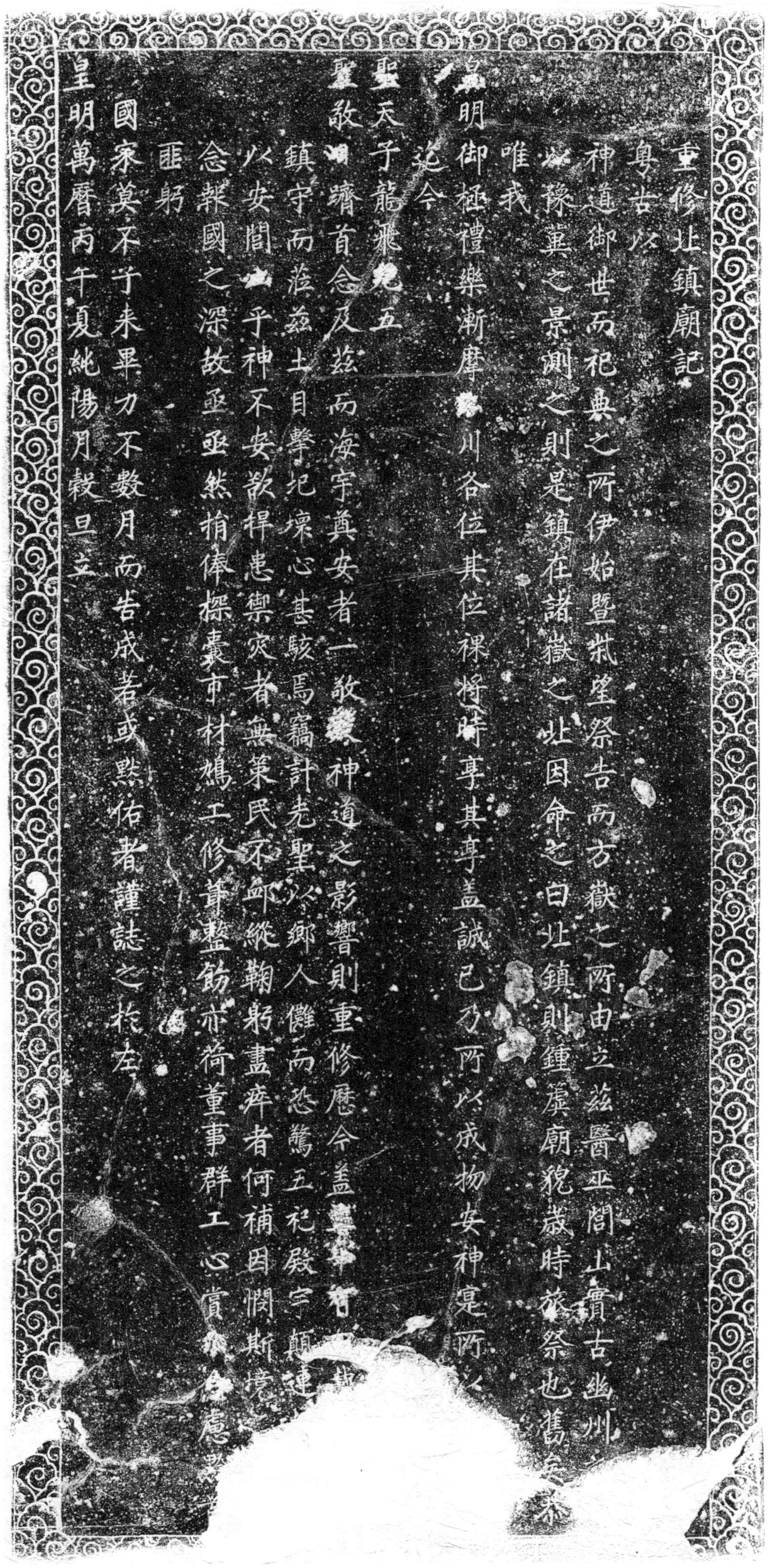
重修北鎮廟記
粵昔以
神道御世而祀典之所伊始暨柴望祭告而方嶽之所由立茲醫巫閭山實古幽州
以豫冀之景測之則是鎮在諸嶽之北因命之曰北鎮則鍾虡廟貌歲時旅祭也舊[illegible][illegible]
唯我
皇明御極禮樂漸摩[illegible]川各位其位祼將時享其享蓋誠已乃所以成物安神寔所以
迄今
聖天子龍飛[illegible]五
聖敬[illegible]躋首念及茲而海宇奠安者一敬[illegible]神道之影響則重修歷今蓋[illegible][illegible]有載
鎮守而蒞茲土目擊圮壞心甚駭焉竊計先聖以鄉人儺而恐驚五祀殿宇頹連
以安閭[illegible]乎神不安歆捍患禦災者無策民不卹縱鞠躬盡瘁者何補因憫斯境
念報國之深故亟亟然捐俸摽囊市材鳩工修葺整飭亦荷董事群工心賞[illegible][illegible]慮
匪躬
國家莫不子來畢力不數月而告成若或默佑者謹誌之於左
皇明萬曆丙午夏純陽月穀旦立

重修北鎮廟記碑拓本（碑陽）　明萬曆三十四年

録文

碑陰

欽差鎮守遼東等處協同山海關事督徵□□府税兼管□務馬市關口監太監□□∟
欽差巡撫遼東地方賛理軍務兼管備倭兵部右侍郎兼都察院右僉都御史趙□∟
欽差征虜前將軍提督軍務鎮守遼東地方兼備倭總兵官太傅兼太子太保寧遠伯李成梁∟
欽差總理遼東糧儲兼理屯種户部山東清吏司郎中謝存仁∟
欽差分巡遼海東寧道兼理廣寧等處兵備屯田山西布政使司右叅政□□□∟
原奏標下廣寧户□□□∟
廣寧鎮城備禦署都指揮王朝臣∟
委官□□、□□、□□□、□□、□□、□□□∟
司房□□、□□、□□□∟□□、□□、□□□∟
太府標下督工委官正千户□□□∟
委官千總指揮□□□、□□□、□□□∟
功德善人原任備禦都指揮郎梅、周良思、徐循∟
王文道、周良用、蕭一奎∟
晉國用、劉夢吉、鄒守道∟
廣寧掌印旗鼓千總指揮芮勲、羅拱極、楊可大∟
謝景時、李國賢、戴志高∟
盧景栢、李志仁、王尚耕∟
劉臣、李景桂、王棟∟
門必大、孫功祚、張登洲∟
廣寧鎮成陰陽學訓術陰陽官于大章；廟祝李□□、□□∟
澄江沈大方薫沐書丹篆額∟
工匠人役：史中、李春、李民、曲洪□∟
周大、李五十、蘇建、馮天利∟
周成、于丑驴、張弼、方□□∟

小刘全、呉尚一、曺雄、王□□∟
王营二、宋世杰、李和尚、□□□∟
孟雄、朱志羔、張有□、□□□∟
鮮伏驴、施有功、林□□、□□□∟
王仲良、張祝、錫□□、□□□∟
吕景秀、高栢、□□□、□□□∟
豆松、刘四二、□□□、□□□∟
張瞎二、張参二、□□□、□□□∟
斉合住、安伯成、□□□、□□□∟
慕榮訓、呉尚忠、□□□、□□□∟

重修北鎮廟記碑（碑陰） 明萬曆三十四年

重修北鎮廟記碑拓本（碑陰）　明萬曆三十四年

第三部分　清代碑刻

一　北鎮廟御祭祀碑

清康熙七年

北鎮廟御祭祀碑，清康熙七年（一六六八）三月立，現存遼寧省錦州市北鎮廟大殿前東側。碑暗紫色沉積砂岩質，龜趺螭首。碑首高九十二厘米，寬一百一十厘米，厚三十四厘米。碑身高一百九十二厘米，寬一百零三厘米，厚二十九厘米。龜趺首尾長二百七十厘米，寬一百二十厘米，高八十二厘米。碑額篆書「重修北鎮廟」，二行五字；碑陽楷書，十行，滿行十九字；碑陰楷書，六行，滿行八字。碑額與碑文内容不相符，推測該碑原爲廢碑或改刻成代祭碑。

《錦州府志》（劉源溥等纂修，清康熙二十二年刻本）、《北寧市文物志》（趙傑、周洪山主編，遼寧民族出版社，一九九六年）、《遼寧碑志》（王晶辰主編，遼寧人民出版社，二〇〇二年）、《錦州市文物志》（趙振新、吴玉林主編，學苑出版社，二〇〇五年）均有著録。今據原碑照片及北鎮市考古和文物保護服務中心藏拓本録文。

碑文記皇帝派遣太子太保、工部左侍郎杜篤祜祭祀北鎮廟之經過。

北鎮廟御祭祀碑（碑陽） 清康熙七年

録文

碑陽

維康熙六年歲次丁未八月癸酉朔十七日己[一]丑，乚皇帝遣太子少保、工部左侍郎杜篤祜，致祭于乚北鎮醫巫閭山之神，乚曰：

惟乚神屹立營州，巍峻遼海，飛泉瀉洞，育物福民。朕躬親政乚務，祇荷乚神休，特遣耑官，用申殷薦，惟乚神鑒焉，尚乚享！乚

康熙七年三月二十九日立乚

[一] 原碑此字誤作「巳」。

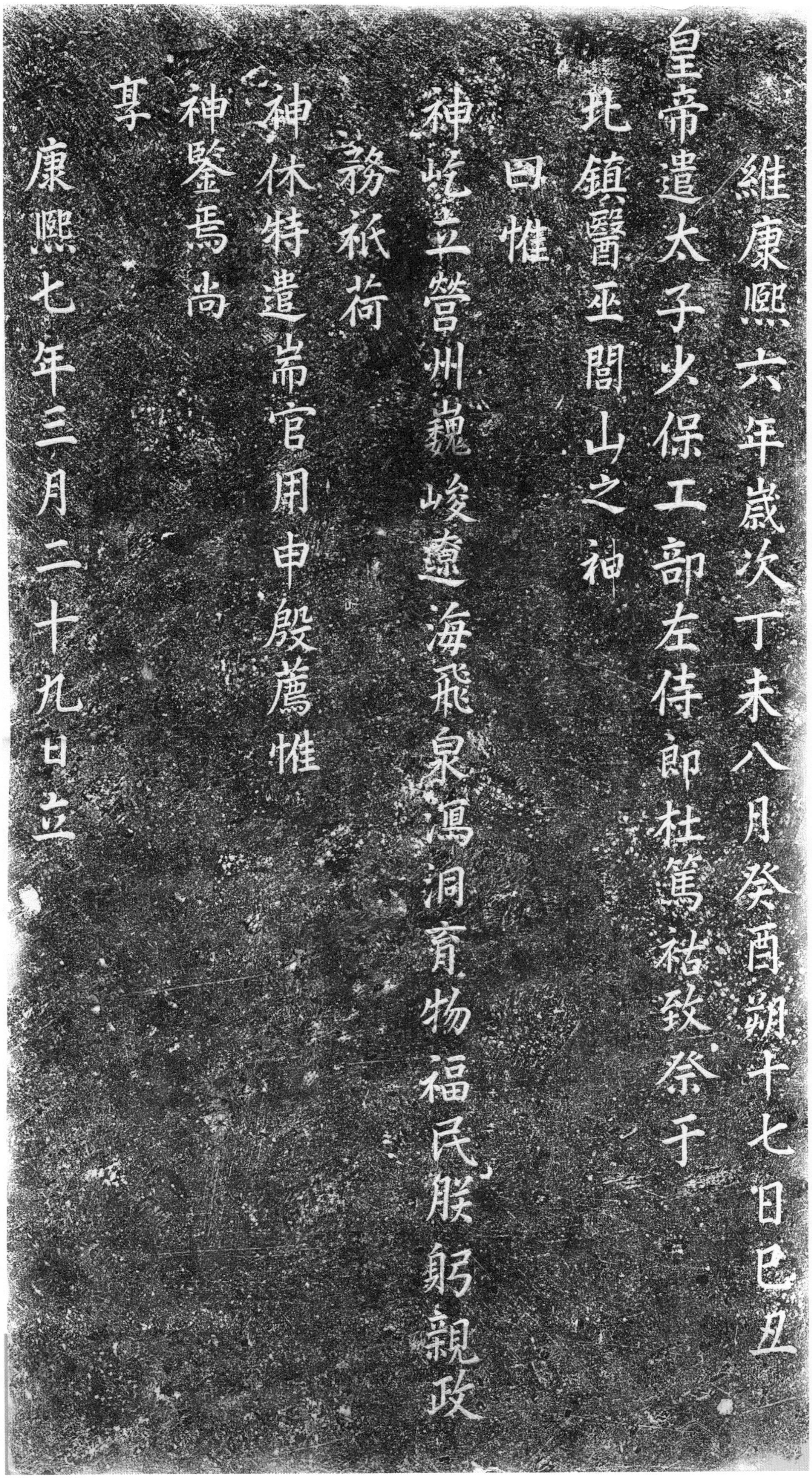

維康熙六年歲次丁未八月癸酉朔十七日己丑
皇帝遣太子少保工部左侍郎杜篤祜致祭于
北鎮醫巫閭山之神
曰惟
神屹立營州巍峻遼海飛泉瀉洞育物福民朕躬親政
務祇荷
神休特遣耑官用申殷薦惟
神鑒焉尚
享
康熙七年三月二十九日立

北鎮廟御祭祀碑拓本（碑陽） 清康熙七年

録文　碑陰

奉天府府尹王僙祚」
府[一]丞白尚登」
治中于嗣昌」
錦州府知府宋之鉉」
通判張顕武」
廣寧縣知縣李如瑾」

[一] 原碑此字誤作「俯」。

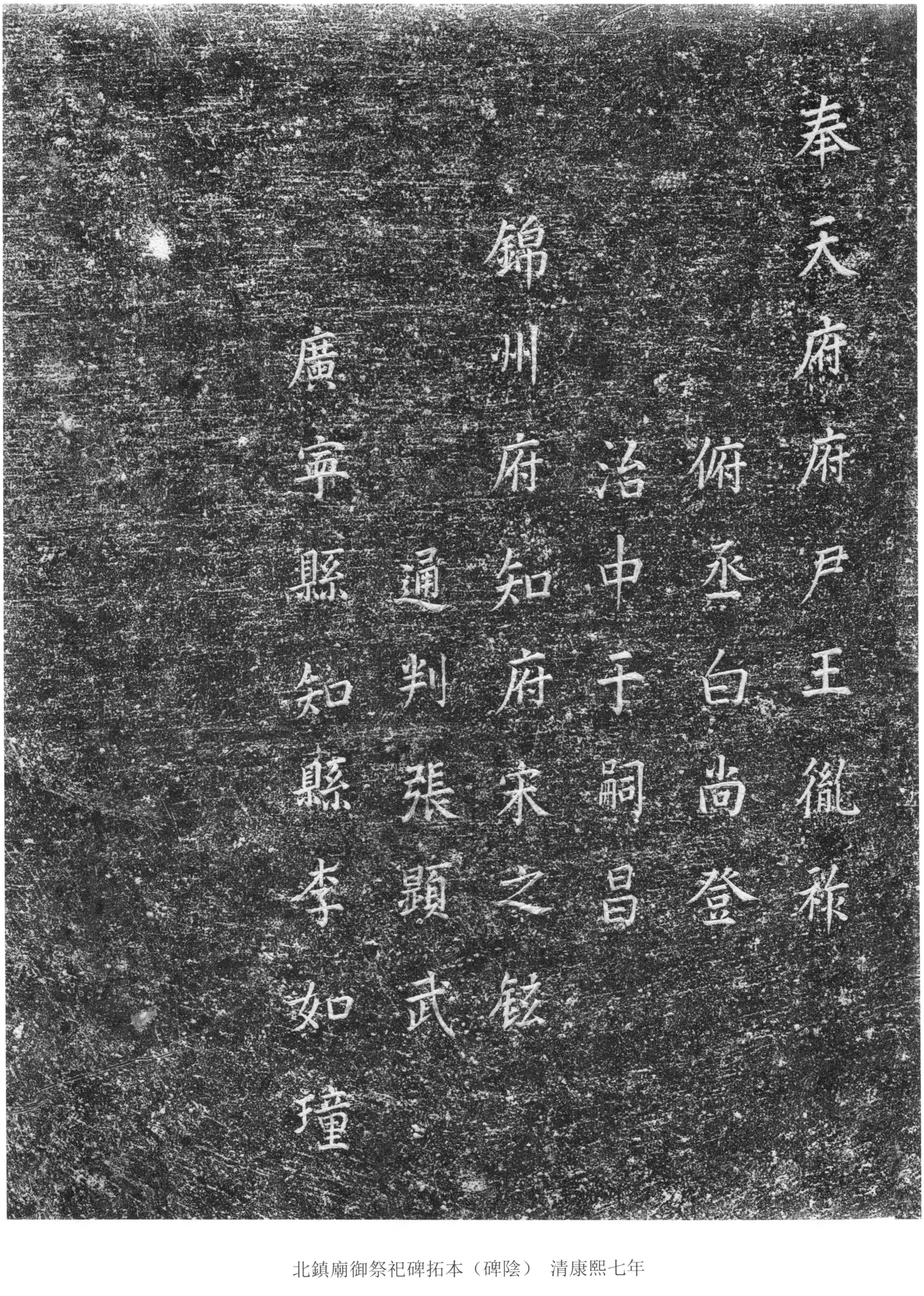

北鎮廟御祭祀碑拓本（碑陰） 清康熙七年

二　北鎮廟御祭祝文碑

清康熙二十一年

北鎮廟御祭祝文碑，清康熙二十一年（一六八二）九月立，現存遼寧省錦州市北鎮廟大殿前東側。碑黄色沉積砂岩質，龜趺螭首。碑首高八十九厘米，寬一百零八厘米，厚二十三厘米。碑身高二百六十七厘米，寬一百厘米，厚九厘米。龜趺首尾長二百七十厘米，寬一百零七厘米，高七十一厘米。碑額篆書「御祭祝文」，二行四字；碑陽楷書，八行，滿行二十四字；碑陰楷書，十一行，滿行二十四字。沈荃書丹。

《錦州府志》（劉源溥等纂修，清康熙二十二年刻本）、《北寧市文物志》（趙傑、周洪山主編，遼寧民族出版社，一九九六年）、《遼寧碑志》（王晶辰主編，遼寧人民出版社，二〇〇二年）、《錦州市文物志》（趙振新、吴玉林主編，學苑出版社，二〇〇五年）均有著録。今據原碑照片及北鎮市考古和文物保護服務中心藏拓本録文。

碑文記康熙皇帝派遣崔蔚林祭祀北鎮廟之經過。

北鎮廟御祭祝文碑（碑陽） 清康熙二十一年

録文

碑陽

維康熙二十一年歲次壬戌〔一〕四月戊寅朔越十五日壬辰，∟皇帝遣日講官起居注詹事府少詹事兼翰林院侍講學士□，∟詹事府詹事崔蔚林，致祭於∟北鎮醫巫閭山之神，曰：維∟神傑峙營平，雄蟠遼海，發祥兆迹，王氣攸鍾。朕祇承∟神祐，疆宇蕩平，特遣專官，用申殷薦，惟∟神鑒焉！∟

康熙二十一年九月初十日立∟

〔一〕原碑此字誤作「戍」。

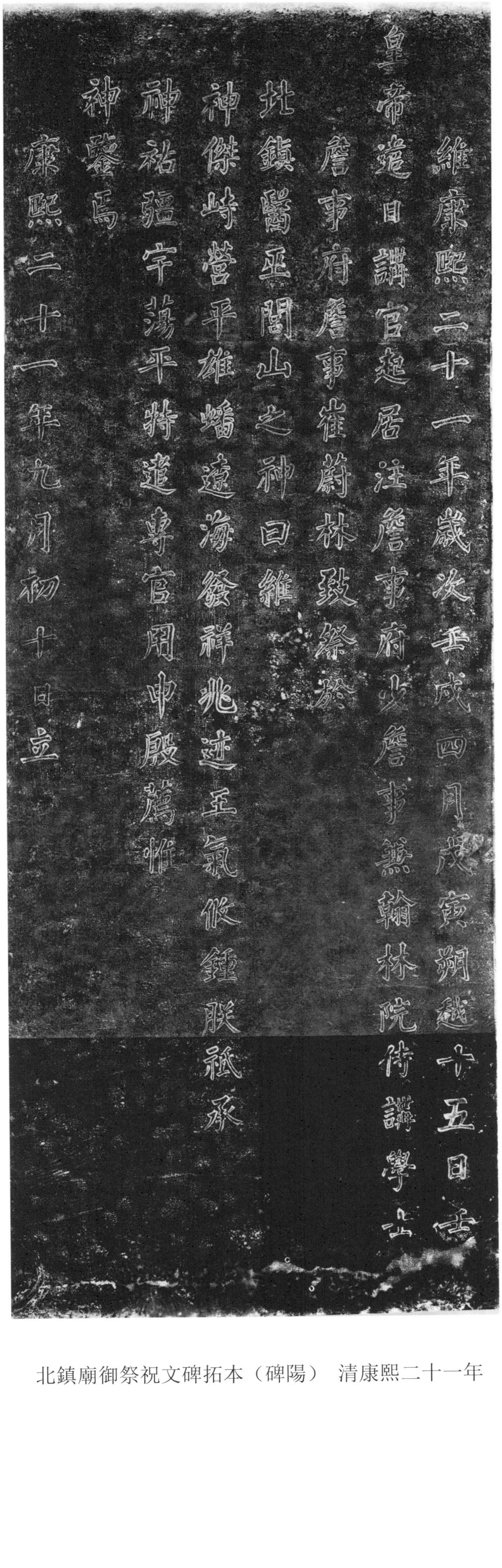
維康熙二十一年歲次壬戌四月戊寅朔越十五日壬
皇帝遣日講官起居注詹事府少詹事兼翰林院侍講學士
詹事府詹事崔蔚林致祭於
北鎮醫巫閭山之神曰維
神傑峙營平雄蟠遼海發祥兆迹王氣攸鍾朕祇承
神祐疆宇蕩平特遣專官用申殷薦惟
神鑒焉
康熙二十一年九月初十日立

北鎮廟御祭祝文碑拓本（碑陽） 清康熙二十一年

録文

碑陰

日講官起居注詹事府詹事兼翰林院侍讀學士加禮部侍郎」
臣沈荃同時」
遣祭遼太祖陵奉旨書丹」
奉天府府尹高爾位」
府丞張尚禮」
治中李提龍」
錦州府知府孫成」
通判朱夢熊」
廣寧縣知縣項蕙」
典史屈大伸」
石匠陳萬銀」

北鎮廟御祭祝文碑拓本（碑陰） 清康熙二十一年

三　新建北鎮醫巫閭山尊神板閣序碑

清康熙二十九年

新建北鎮醫巫閭山尊神板閣序碑，清康熙二十九年（一六九〇）立，現存遼寧省錦州市北鎮廟大殿前東側。碑青灰色沉積砂岩質，龜趺梯形首。碑首高七十厘米，寬八十七厘米，厚十六厘米。碑身高一百一十七厘米，寬八十三厘米，厚十四點五厘米。龜趺首尾長二百五十九厘米，寬九十厘米，高七十三厘米。龜下石座長二百厘米，寬一百二十厘米，高十七厘米。碑陽楷書，十二行，滿行三十九字，黄如瑾撰文；碑陰楷書，八行，滿行二十一字，係黄如瑾於清康熙二十八年（一六八九）所作七律一首。

《奉天通志》（金毓黻等纂修，奉天通志局，一九三五年鉛印本）、《北寧市文物志》（趙傑、周洪山主編，遼寧民族出版社，一九九六年）、《遼寧碑志》（王晶辰主編，遼寧人民出版社，二〇〇二年）、《錦州市文物志》（趙振新、吴玉林主編，學苑出版社，二〇〇五年）均有著録。今據原碑照片及北鎮市考古和文物保護服務中心藏拓本録文。

碑文記廣寧縣知縣黄如瑾用木板代替席棚保護北鎮諸神像的修建經過。

新建北鎮醫巫閭山尊神板閣序碑（碑陽）　清康熙二十九年

録文

碑陽

新建北鎮醫巫閭山尊神板閣序乚

昔虞舜所封十有二山，醫巫閭其一也。《周禮·職方氏》以醫巫閭山爲東北幽州之鎮，此見於經史可考而乚知者。歷覽碑碣所載，唐以上為北鎮神，皆封公。宋元進封王，明代屢修禋祀，有加無已。迨乚本朝，尤為發祥名勝，豊鎬鍾靈，每遇大典，即遣官祭告，可不謂隆焉。邇年來頻憂亢暘，因虔禱於乚神，甘霖立沛，自今以始，歲其有夫，孰非尊神之降康哉！乃山靈有赫，而廟貌已湮，其前後左右，一片荒乚基，俱鞠爲茂草矣。僅存正殿與饗殿二層，亦傾圮難支，風雨不蔽。如瑾常仰屋咨嗟，無可如何。幸有乚少司寇高公，先爲大京兆時，曾登山謁廟，早知神像之将露處也，玆特捐俸貳拾両，令偹蓆棚。如瑾以乚用蓆不若用板之可久，遂與住持僧衆，亟商所以護持神像者。爰鳩工庀材，構板閣三座，正中一，東西両乚旁各一，其制如屋，然有脊，有簷，有楹柱，覆以厚板，塗以丹臒。俾北鎮尊神暨諸位從神，丈六金身，咸乚有所憑依而妥侑焉。然此第一時權宜之計耳，若夫稽祀典，答神休，乚題請修建，輪奐堂皇，将與閭峯並峙，則重有藉於大仁人君子之留意矣。乚

大清康熙二十九年歲次庚午仲秋月吉旦　廣寧縣知縣黄如瑾恭記乚

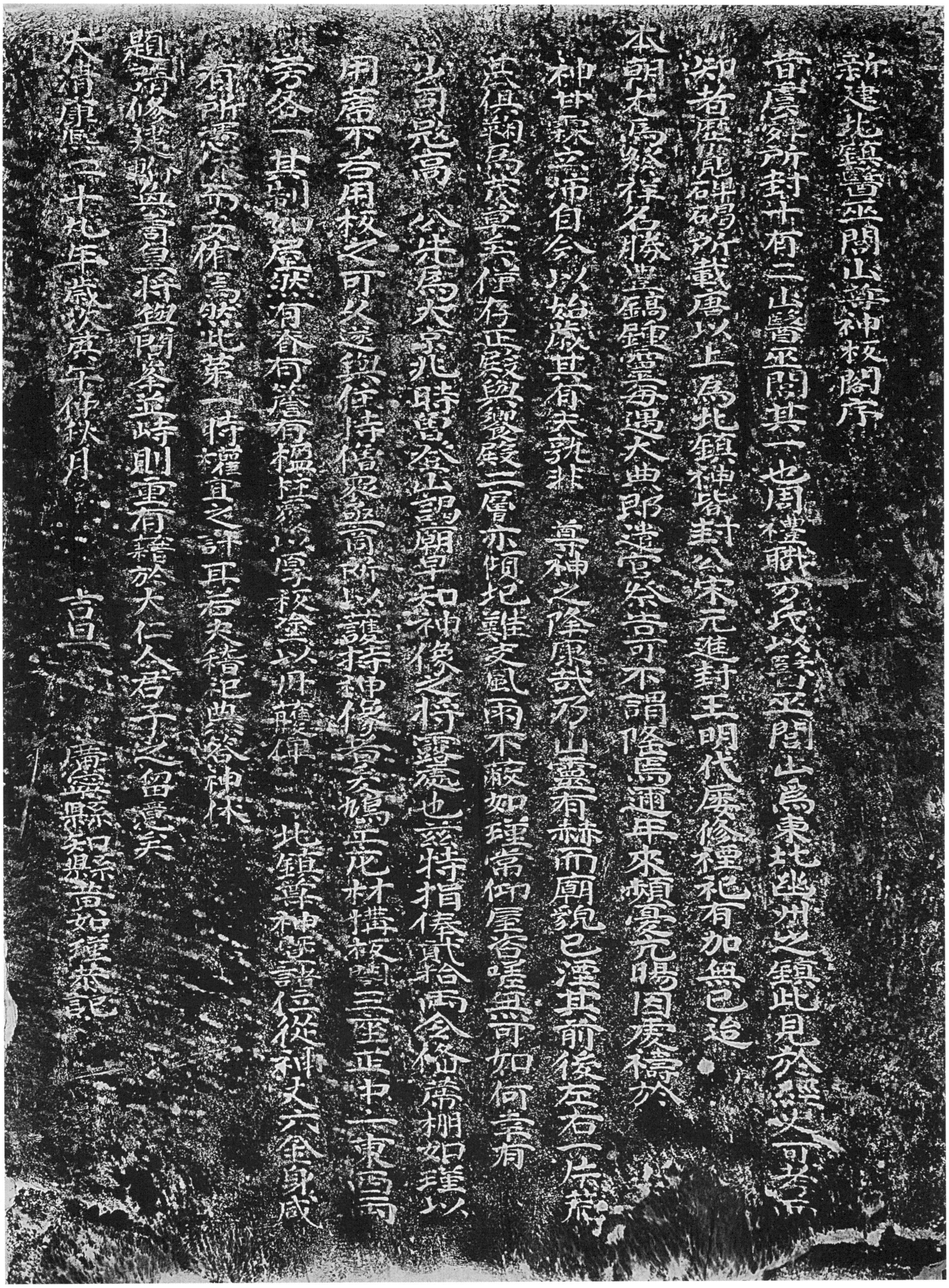

新建北鎮醫巫閭山尊神板閣序碑拓本（碑陽） 清康熙二十九年

録文　碑陰

皇清康熙二十八年春正月初六日黎明，從祭∟北鎮醫巫閭山之神，賦詩恭頌：∟虞封萬古鎮幽營，∟聖主懷柔祭告誠。嶺上雪添圖畫色，松間風和管絃槃。∟煙浮空際通霄漢，地接∟天家拱治平。常祐∟盛朝多樂歲，好將舊址煥新楹。∟廣寧縣知縣黃如瑾。∟

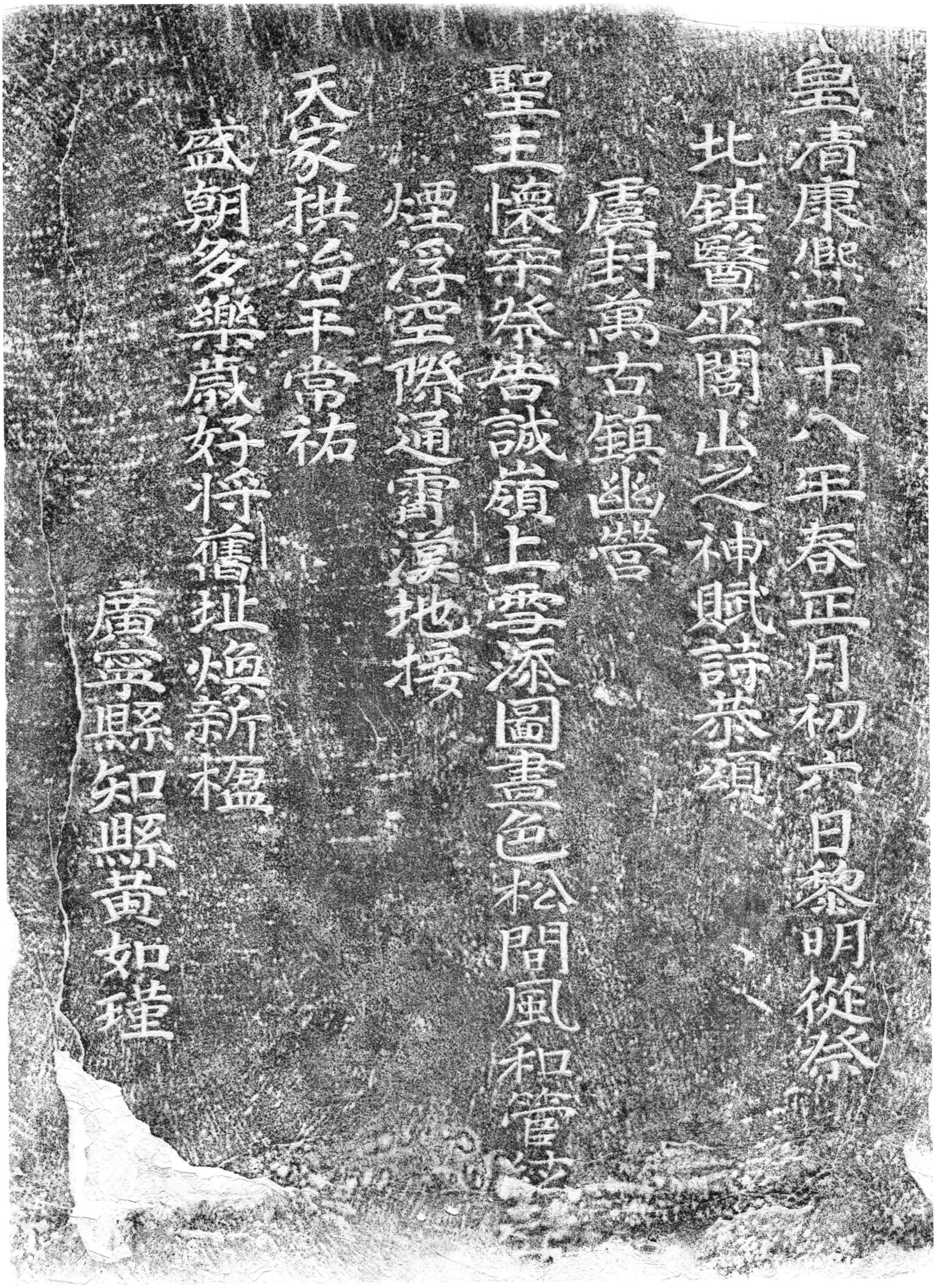
皇清康熙二十八年春正月初六日黎明從祭
北鎮醫巫閭山之神賦詩恭頌
虞封萬古鎮幽營
聖主懷柔祭告誠嶺上雲添圖畫色松間風和管
煙浮空際通霄漢地接
天家拱治平常祐
盛朝多樂歲好將舊址煥新楹
廣寧縣知縣黃如瑾

新建北鎮醫巫閭山尊神板閣序碑拓本（碑陰）　清康熙二十九年

四　北鎮廟御祭祝文碑

清康熙四十二年

北鎮廟御祭祝文碑，清康熙四十二年（一七〇三）六月立，現存遼寧省錦州市北鎮廟大殿前西側。碑暗紫色沉積砂岩質，龜趺螭首。碑首高八十七厘米，寬九十一厘米，厚三十二厘米。碑身高二百零五厘米，寬八十二厘米，厚二十六厘米。龜趺花崗岩質，首尾長二百五十七厘米，寬一百四十五厘米，高十七厘米。碑額楷書「御祭」，一行二字；碑陽楷書，十二行，滿行三十三字；碑陰楷書，十七行，滿行二十三字。胡天成書丹。

《北寧市文物志》（趙傑、周洪山主編，遼寧民族出版社，一九九六年）、《遼寧碑志》（王晶辰主編，遼寧人民出版社，二〇〇二年）、《錦州市文物志》（趙振新、吴玉林主編，學苑出版社，二〇〇五年）均有著録。今據原碑照片及北鎮市考古和文物保護服務中心藏拓本録文。

碑文記康熙皇帝派遣喇都渾祭祀北鎮廟之經過。

北鎮廟御祭祝文碑（碑陽） 清康熙四十二年

録文

碑陽

維康熙四十二年歲次癸未五月乙巳朔越五日己酉，∟皇帝遣内閣侍讀學士兼管叅領佐領事加六級喇都渾，致祭於∟北鎮醫巫閭山之神，曰：維∟神功障遼陽，勢連渤海，靈威丕赫，作鎮北方。朕祇承休命，統馭寰區，夙夜勤勞，殫思上∟理，歷兹四十餘載。今者適届五旬，海宇昇平，民生樂業。見輿情之愛戴，沛下土之恩∟膏，特遣專官，虔申秩祀，尚憑靈貺，益錫蕃禧，佑我國家，共登仁壽，∟神其鑒焉，尚∟饗！∟又恭賫∟御書∟「鬱葱佳氣」四字。欽遵恭懸匾額訖。∟

康熙四十二年六月十二日立∟

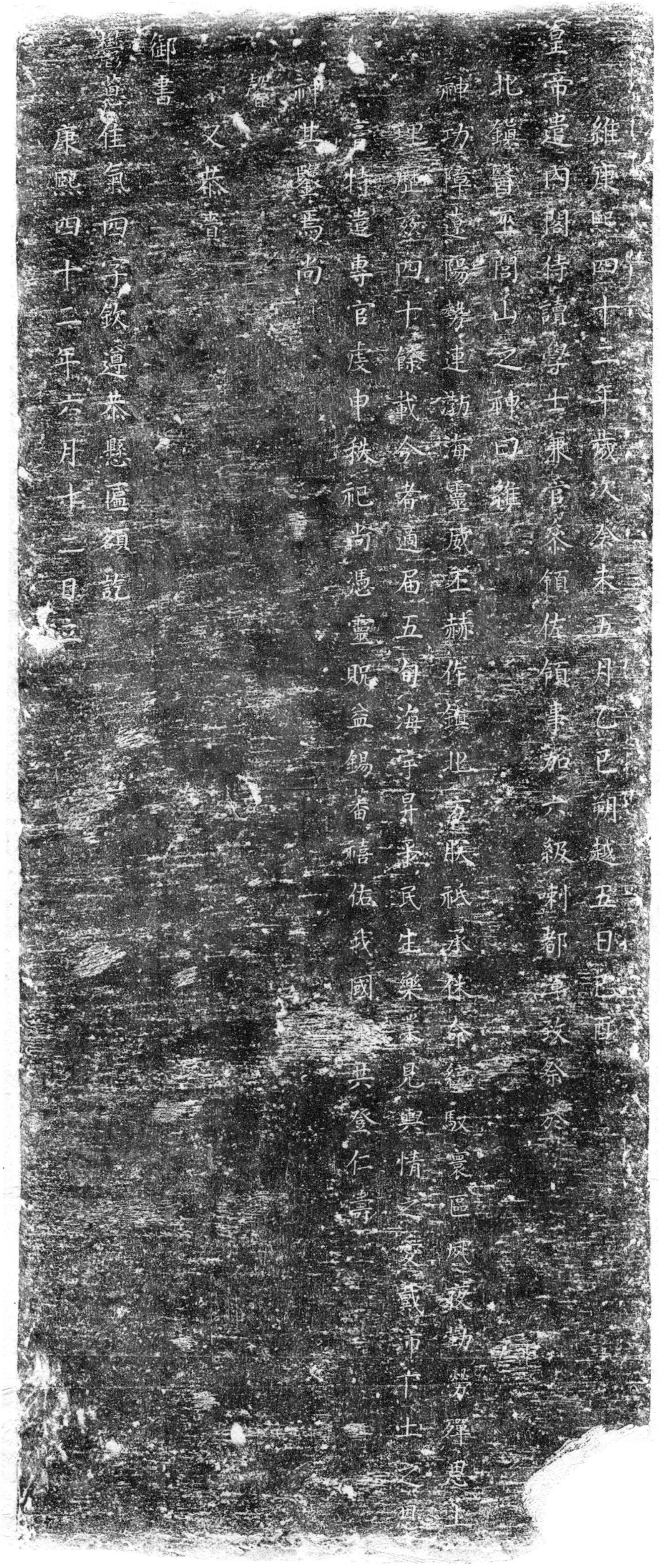

北鎮廟御祭祝文碑拓本（碑陽） 清康熙四十二年

録文　碑陰

欽差内閣侍讀學士兼管衆領佐領事加六級喇都渾ㄴ
賫香帛太常寺七品筆帖式劉于蕃ㄴ
恭懸匾額敬立碑記奉天府府尹王國安ㄴ
府丞李先復ㄴ
管理廣寕等處防守尉加一級雅通阿ㄴ
千拜他喇布勒哈番敖拜四品佐領齊留、安圖、戹克圖ㄴ
錦州府知府加二級顧大位ㄴ
拖沙喇哈番加一級存住、莽鼐、孫應登ㄴ
治中張象文，通判常學良、龔眉望ㄴ
驍騎校傅克朝、阿汲爾達、享德，七品筆帖式申者立、八品筆帖式常從保ㄴ
承德縣知縣李尚隆，遼陽州知州劉禎，海城縣知縣胡從賢ㄴ
盖平縣知縣趙守易，開原縣知縣羅鍹，鐵嶺縣知縣彭其儁ㄴ
錦縣知縣裘奏，廣寧縣知縣王國柱ㄴ
訓導王子梃ㄴ
典史朱嗣隆ㄴ
奉天府歲貢、壬午科副榜、書丹胡天成，石匠杜自美ㄴ
王三元ㄴ

北鎮廟御祭祝文碑拓本（碑陰） 清康熙四十二年

五　北鎮廟碑

清康熙四十七年

北鎮廟碑，康熙四十七年（一七〇八）立，現存遼寧省錦州市北鎮廟神馬殿後碑亭東側。碑青灰色沉積砂岩質，龜趺螭首。碑首高一百一十三厘米，寬一百一十四厘米，厚三十五厘米。碑身高二百三十六厘米，寬一百零九厘米，厚三十一厘米。龜趺首尾長二百六十二厘米，寬一百二十厘米，高八十厘米。碑額篆書「御製碑文」，二行四字；碑陽碑文爲滿漢兩種字體，其内容相同，漢文碑文楷書，九行，滿行四十八字；碑陰無字。

《奉天通志》（金毓黻等纂修，奉天通志局，一九三五年鉛印本）、《北寧市文物志》（趙傑、周洪山主編，遼寧民族出版社，一九九六年）、《遼寧碑志》（王晶辰主編，遼寧人民出版社，二〇〇二年）、《錦州市文物志》（趙振新、吴玉林主編，學苑出版社，二〇〇五年）均有著録。今據原碑照片及北鎮市考古和文物保護服務中心藏拓本録文。

碑文由康熙皇帝親書，記録了北鎮廟經重修後的恢宏現狀以及國泰民安的美好景象，同時表達了皇帝對醫巫閭山的敬仰之意，因此立碑以作紀念。

北鎮廟碑（碑陽） 清康熙四十七年

録文

碑陽

北鎮廟碑文∟

醫巫閭屹峙東北，為幽州巨鎮。昔虞帝封十有二山，此其一也。穹崇磅礴，靈瑞所鍾，實護王氣，以壯鴻圖，與嶽瀆諸神並垂祀∟典。朕省方問俗，嘗過其境。望其佳氣，鬱鬱蔥蔥，上挿霄漢，下瞰蓬瀛，懸瀑飛流，喬松盤蔚，知其所以保障而迎休者，蓋有素矣。∟向錫匾額，式展褒崇，而廟貌未隆，無以昭顯。特勅脩造，遣專官以恪乃事，凡所需給，皆頒自內府。始於康熙四十五年七月，訖∟扵本年十一月，不四月而告厥成工焉。規制宏備，輪奐維新，紺宇琳宮，照耀山谷。於時，臣民瞻仰，罔不欣悅。而府尹臣奏請，謂：∟「宜光文翰，勒諸貞珉。」朕御極以來，勤恤民隱，祇奉∟天庥，敬共神明，罔敢稍斁。維北鎮之奕奕，為神京之翊輔，嘉符凝集，靈爽式憑。神其永賛雍熙，益弘福祐，錫蕃昌扵庶類，固丕祚扵∟萬年，用慰朕精虔之至意。爰樹穹碑，書重脩歲月，以示來兹。∟

康熙四十七年∟

北鎮廟碑拓本（碑陽） 清康熙四十七年

六　皇帝萬壽無疆碑

清康熙五十年

皇帝萬壽無疆碑，清康熙五十年（一七一一）三月立，現存遼寧省錦州市北鎮廟神馬殿後碑亭東側。碑黄色沉積砂岩質，龜趺螭首。碑首高一百零六厘米，寬一百零一厘米，厚二十八厘米。碑身高二百零八厘米，寬八十三厘米，厚二十六厘米。龜趺首尾長二百一十厘米，寬八十三厘米，高六十五厘米。碑額篆書「萬壽碑」三字；碑陽楷書「皇帝萬壽無疆」「大清康熙五十年三月十八日敬立」二行二十字；碑陰無字。

《北寧市文物志》（趙傑、周洪山主編，遼寧民族出版社，一九九六年）、《錦州市文物志》（趙振新、吴玉林主編，學苑出版社，二〇〇五年）均有著録。今據原碑照片及北鎮市考古和文物保護服務中心藏拓本録文。

此碑爲庆祝康熙皇帝五十七歲大壽而立。

皇帝萬壽無疆碑（碑陽） 清康熙五十年

碑陽

録文

皇帝萬壽無疆⌊
大清康熙五十年三月十八日敬立⌊

皇帝萬壽無疆碑拓本（碑陽） 清康熙五十年

七　萬壽碑亭記

清康熙五十一年

萬壽碑亭記，清康熙五十一年（一七一二）八月立，現存遼寧省錦州市北鎮廟大殿前西側。碑暗紫色沉積砂岩質，龜趺螭首。碑首高七十五厘米，寬八十五厘米，厚四十四厘米。碑身高一百八十九厘米，寬七十七厘米，厚四十一厘米。龜趺花崗岩質，首尾長二百一十五厘米，寬九十四厘米，高八十四厘米。龜趺座爲長方形，長一百八十厘米，寬一百三十厘米，高十七厘米。碑額篆書「萬壽碑記」，二行四字；碑陽楷書，十九行，滿行四十一字；碑陰楷書，二十一行，滿行二十二字。錢世勳撰，胡天成書丹。

《北寧市文物志》（趙傑、周洪山主編，遼寧民族出版社，一九九六年）、《遼寧碑志》（王晶辰主編，遼寧人民出版社，二〇〇二年）、《錦州市文物志》（趙振新、吴玉林主編，學苑出版社，二〇〇五年）均有著録。今據原碑照片及北鎮市考古和文物保護服務中心藏拓本録文。

碑文記錢世勳等人爲恭賀皇帝聖誕而立萬壽碑、建萬壽亭之經過。

萬壽碑亭記（碑陽） 清康熙五十一年

録文

碑陽

萬壽碑亭記⌞

聖天子建中和之極，五十有一年矣。⌞四海永清，萬方和會，文德武功，超邁千古，仁恩義澤，徧洽九州。際此昇平⌞熙世，普天率土，梯山航海，重譯來朝，莫不嵩呼萬歲，以慶⌞聖壽無疆。况臣工之躬沐⌞皇恩，天高地厚乎？惟時城守尉臣常愛、邑宰臣錢世勲，生逢盛世，叨膺⌞簡命。自己丑春壬正月，不介而孚，來涖玆土。仰荷齊天福庇，比年時和歲稔，物阜民康，兵民和輯，山海清⌞寧。明廷錫以爵禄，陽春假以良辰。居有位之榮，享無事之福，恊恭和衷之暇，圖報深恩於萬一。爰逢⌞聖誕令旦，敬獨北鎮廟啟建萬壽聖會，恭祝⌞皇上萬壽無疆。羣僚鼓舞，萬姓歡呼，上告将军、京兆，僉曰善。臣子敬君，職分當然也，届期誦經演劇，四方觀⌞瞻，效華封仰嵩祝者萬計。窃思有會不可無碑，有碑不可無亭，緣集衆謀，竪⌞萬壽碑，建萬壽亭，以永垂不朽。鳩工庀材，黝惡丹雘，不煩督率而碑亭落成，詩云「天子萬年」，又曰「天子萬⌞壽」，此之謂也。謂是臣工効力，庶民子來歟？抑亦北鎮正神之默佑，福聖君以福臣民歟？自今以始，⌞拜手稽首，慶皇圖之鞏固，卜聖壽之綿長。臣知歸諸宰尉，宰尉不居；歸諸軍民，軍民不受；歸諸⌞將軍、京兆，將軍、京兆不敢為功；歸諸北鎮正神，正神亦不以為德，請仍以歸諸⌞聖天子焉。是為記。旹⌞大清康熙伍十一年歲次壬辰八月穀旦。⌞奉天錦州府廣寧縣知縣臣錢世勲敬撰，⌞奉天漢軍副榜胡天成敬書。⌞

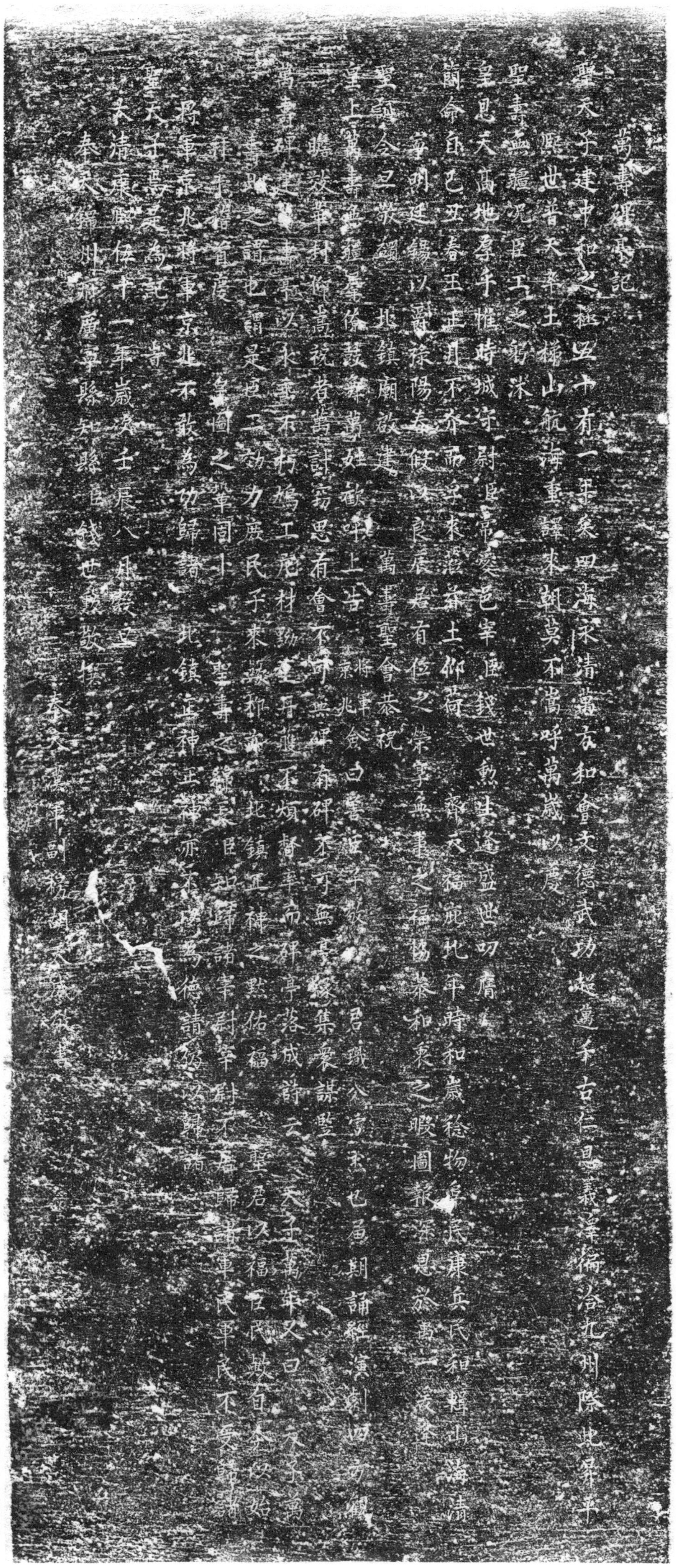

萬壽碑亭記拓本（碑陽） 清康熙五十一年

録文

碑陰

陞任奉天將軍鎮守寧古塔將軍孟俄洛∟
陞任奉天將軍文華殿大學士兼禮部尚書松柱∟
鎮守奉天都統將軍唐保住∟
鎮守奉天副都統巴勒∟
鎮守奉天副都統托留∟
陞任奉天府府尹、户部右侍郎廖騰煃∟
署理奉天府府尹事、府丞俞化鵬∟
奉天錦州府知府唐之夔、通判劉汝禎∟
廣寧等處佐領：齊柳、安圖、林起鵬、郎文陞、詹登魁、張鳳翔、∟
敖伯、摸卜海、偏圖、馬拉記、佛保∟
廣寧拖沙拉哈番孫應登、卜勒哈、孟烏托、莽鼐∟
驍騎校：富克超、柳天福、許聯登、谷鳳翔、皮得貴、∟
江訥、車赫、王廷先、胡俊臣、侯國璸∟
廣寧縣儒學訓導曹源溥∟
廣寧縣典史署義州巡檢司巡司朱嗣隆∟
廣寧筆帖式：孫珆、達藍泰∟
驛丞：董爾性、羅錦麟、崔自富、∟宋天玉、趙士英、李士威∟
監造：馬拉哈、趙洪儒∟
廣寧城守尉常愛∟
廣寧縣知縣錢世勳仝立∟

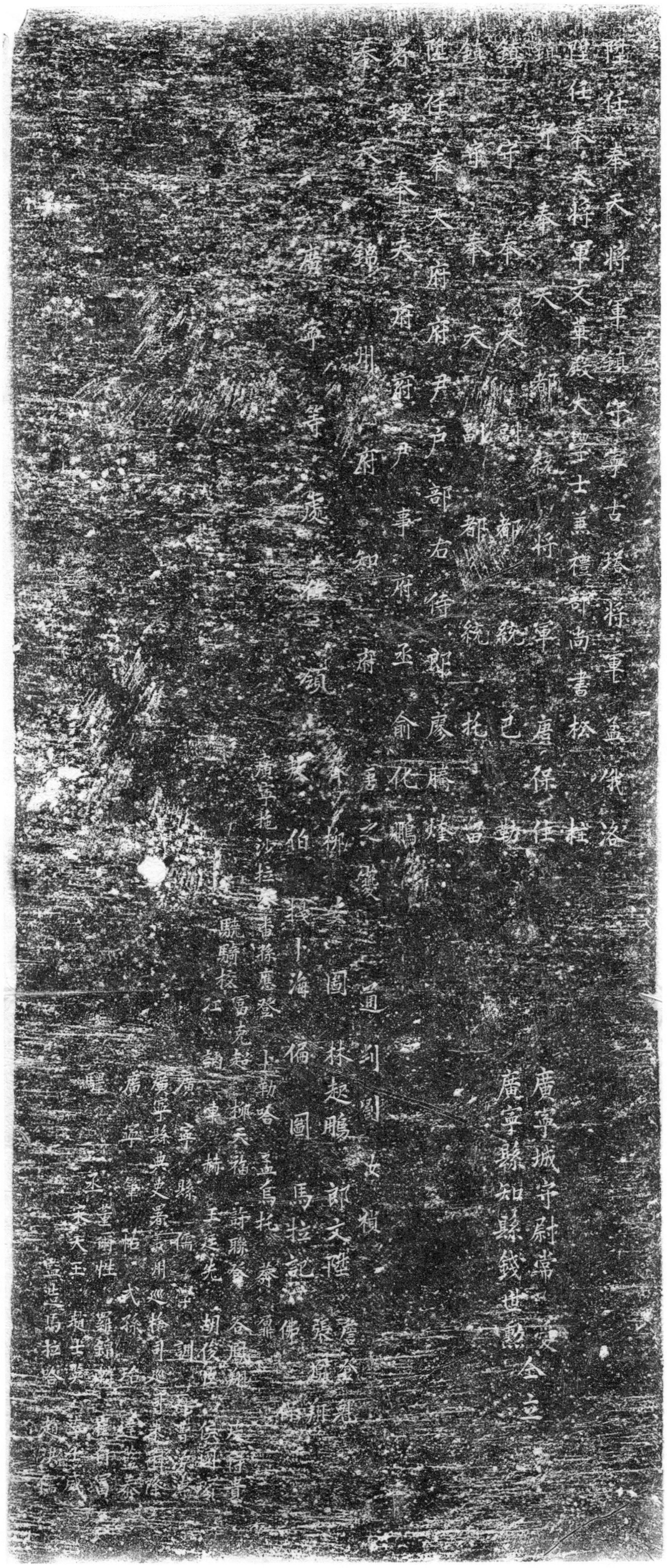

萬壽碑亭記拓本（碑陰） 清康熙五十一年

八　重修北鎮禪林記碑

清康熙五十四年

重修北鎮禪林記碑，清康熙五十四年（一七一五）三月立。現存遼寧省錦州市北鎮廟東側廣寧行宫前萬壽寺遺址。碑黄色沉積砂岩質，方座螭首。碑首高六十八厘米，寬八十五厘米，厚二十五厘米。碑身高一百八十六厘米，寬八十一厘米，厚二十二厘米。碑座花崗岩質，須彌座，長一百一十五厘米，寬六十五厘米，高六十厘米。碑額篆書「萬壽禪林」，二行四字；碑陽楷書，十七行，滿行三十三字；碑陰無字。常愛、錢世勳撰，胡天成書丹。碑文所言萬壽禪林，即指北鎮廟院内萬壽寺，始建於清順治十二年（一六五五），初稱興隆庵，此次重修後改稱萬壽寺。清乾隆四十三年（一七七八）及民國三十年（一九四一）曾重修。一九四八年被毁，但基址尚存。

《北寧市文物志》（趙傑、周洪山主編，遼寧民族出版社，一九九六年）、《遼寧碑志》（王晶辰主編，遼寧人民出版社，二〇〇二年）、《錦州市文物志》（趙振新、吴玉林主編，學苑出版社，二〇〇五年）均有著録。今據原碑照片及北鎮市考古和文物保護服務中心藏拓本録文。

碑陽記錢世勳等人重修萬壽寺之經過。

重修北鎮禪林記碑（碑陽） 清康熙五十四年

録文

碑陽

重脩北鎮禅林記∟

醫巫閭山，勝甲幽州，晋都之保障，神京之屏藩也。自虞帝肇封，歷夏、商、周、漢、唐、宋、遼、金、元、明，∟世代禋祀，與嶽瀆並。兵燹後，梵宫貝闕，盡屬灰燼。幸∟聖天子建極，東巡狩，翠華莅止，柴望山靈，撫松盤桓，瞻鬱葱佳氣，持揮宸翰，發帑建□，梵寺巍∟焕。允京兆請，睿藻繽紛，瑣珉屹立，洵懷柔河嶽，千古之榮恩歟！惟時，鎮神□□[一]佑∟皇圖天眷，協領常公城守兹土，余亦幸邀簡命，來宰是邦，協恭和衷，仰報洪恩，作萬壽□，□□[二]∟碑亭，永祝聖壽無疆。猶慮住持乏高僧，無以妥神靈而酬君德，致貽廟□□□∟將軍、京兆、禮部延禪僧六雅為北鎮廟主，朝夕焚香，晨鐘暮鼓，庶以祝國佑民，而無□□□□∟圮，不蔽風雨，德馨陋室可奈何？常公曰：「此良有司之責也。」余曰：「然！」鳩工庀材，補苴脩葺，□者□，□∟者整，建香積厨碾各數椽，東西禅林聿新，儼然閭山之勝刹，藉非鎮神靈佑，∟聖天子之福庇，不至此落成。常公囑余記壽石，余鄙儒俗吏，何記之有？聊誌大畧如此。要欲妥∟神靈之赫濯，酬君德之高深，與醫巫閭山並峙不朽，至勷事監工，勸輸樂助，姓名書左。∟

管理廣寧城守尉加二級常愛，∟文林郎、知廣寧縣事暨陽錢世勳∟仝撰，∟大清康熙五十四年歲次乙未三月十八日立。∟

奉天廣寧漢軍副榜胡天成書丹。∟

[一] 此處「□□□」三字不可識，《錦州市文物志》作「隆□祭」。

[二] 此處「□，□□□」四字不可識，《錦州市文物志》作「寺，立萬壽」。

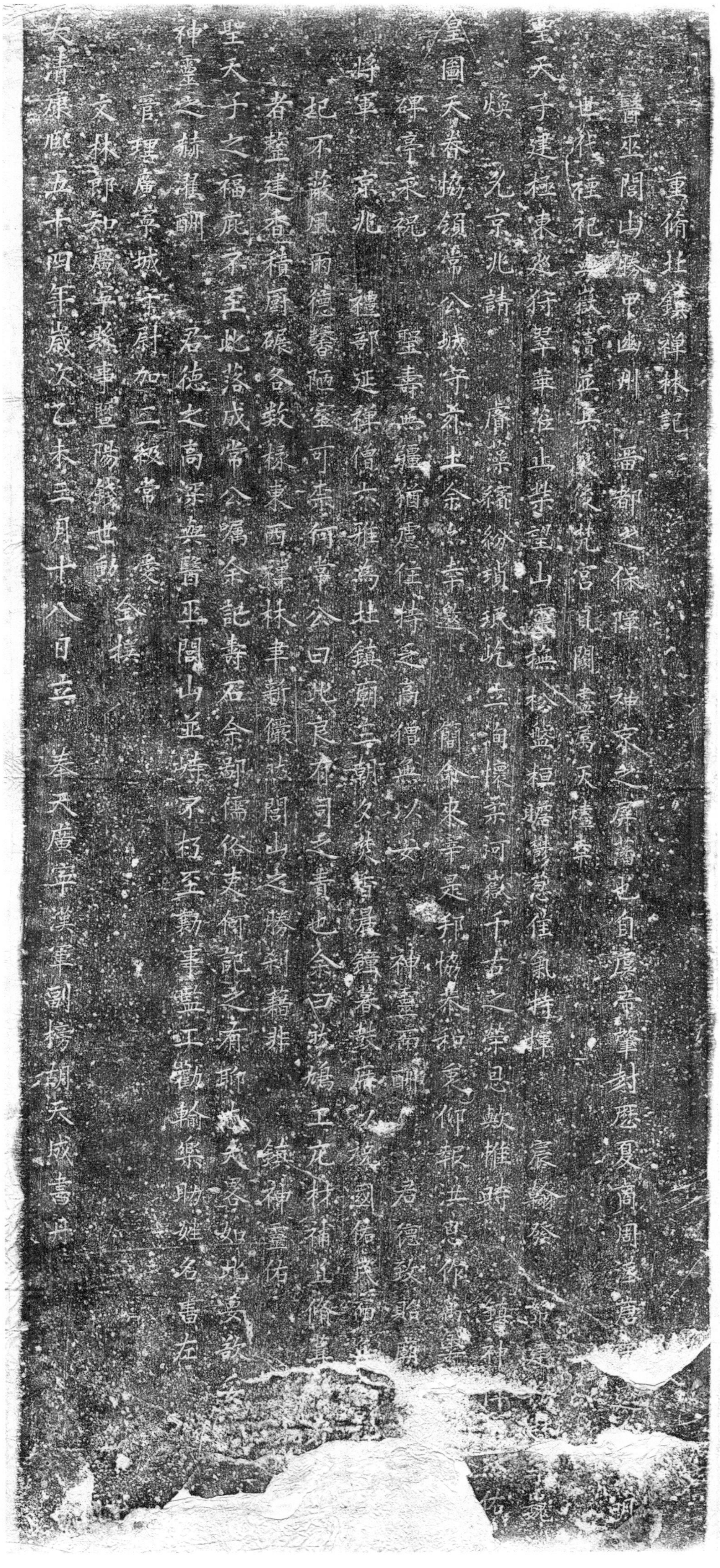

重修北鎮禪林記碑拓本（碑陽）　清康熙五十四年

九　題字碑

清康熙二十一年（碑陽）
清康熙六十年（碑陰）

題字碑，現存遼寧省錦州市北鎮廟西北角翠雲屏前。碑暗紫色沉積砂岩質，首身一體，方首須彌座。碑通高一百五十四厘米，寬五十五點五厘米，厚十五厘米。碑座長六十四厘米，寬六十二厘米，高三十六厘米。碑陽楷書，三行，計三十九字，書於清康熙二十一年（一六八二）；碑陰楷書，三行，計三十六字，書於清康熙六十年（一七二一）。

今據原碑照片及北鎮市考古和文物保護服務中心藏拓本録文。

題字碑（碑陽） 清康熙二十一年

録文　碑陽

屹鎮幽方」

康熙二十一年歲次壬戌〔一〕三月十三日」

賜進士及第、詹事府詹事、加禮部侍郎華亭沈荃題」

〔一〕原碑此字誤作「戍」。

康熙二十一年歲次壬戌三月十三日
屹鎮幽方
賜進士及第詹事府詹事加禮部侍郎華亭沈荃題

題字碑拓本（碑陽） 清康熙二十一年

碑陰

録文

當境神」
康熙陸拾年歲次辛丑孤秋月穀旦」
欽取廣寧縣知縣滇南建水象山王立憲題」

題字碑拓本（碑陰） 清康熙六十年

一〇　北鎮廟内雍正皇帝御製文碑

清雍正五年

北鎮廟内雍正皇帝御製文碑，清雍正五年（一七二七）立，現存遼寧省錦州市北鎮廟神馬殿後碑亭西側。碑首高一百零四厘米、寬一百一十二厘米、厚四十一厘米。碑身高二百三十八厘米、寬一百零四厘米、厚三十五厘米。碑額篆書「御製碑文」，二行四字；碑陽右側楷書，十一行，現存十行，滿行五十一字；左側滿文楷書，十一行，譯右側碑文。碑陰無字。

《遼寧碑志》（王晶辰主編，遼寧人民出版社，二〇〇二年）著録。今據原碑照片及北鎮市考古和文物保護服務中心藏拓本録文。

碑文爲雍正皇帝御製，記祭祀醫巫閭山之事。

北鎮廟内雍正皇帝御製文碑（碑陽） 清雍正五年

録文

碑陽

□□□□□，虔脩秩望；嶽鎮海瀆之祀，罔不祇肅。醫巫閭山，實為北鎮，近接興京，翊衛關輔。曩者，∟□□□□□展褒崇，復遣官脩飭廟貌，御製碑文，光昭奕代，典至盛矣。康熙五十九年，朕奉∟□□□□∟□□□□□□山麓□□展禮，瞻仰祠廟，蠲潔致禱，因捐資庀工，載加整葺。嗣是雨暘時若，禾黍有秋，遼左黎元，咸沾嘉貺。洎朕臨御∟□□□□專官董司營治，棟宇榱桷，丹雘一新。雍正□□冬，厥功告成。朕惟茲山□□□書，載□□□□□□□開闢以來，靈秀之∟□萃聚，越數千年，神應彰顯。而我∟□發祥關左，豐岐重地，王氣所鍾，惟神□□□□□□□□□靈蹟頻昭。朕懷允□□□□□□□□□□□□□蕃祉，益顯豐功。∟俾方興之內，四序順成，百嘉鬯遂，風雨慶其□□，□□□其康阜。洪禧默□崴□□，穰慰□□□□□□□稱朕愛□□生，肅奉∟□□□之意，式鐫琬琰，用昭示扵億萬斯年。∟

雍正五年九月初四日∟

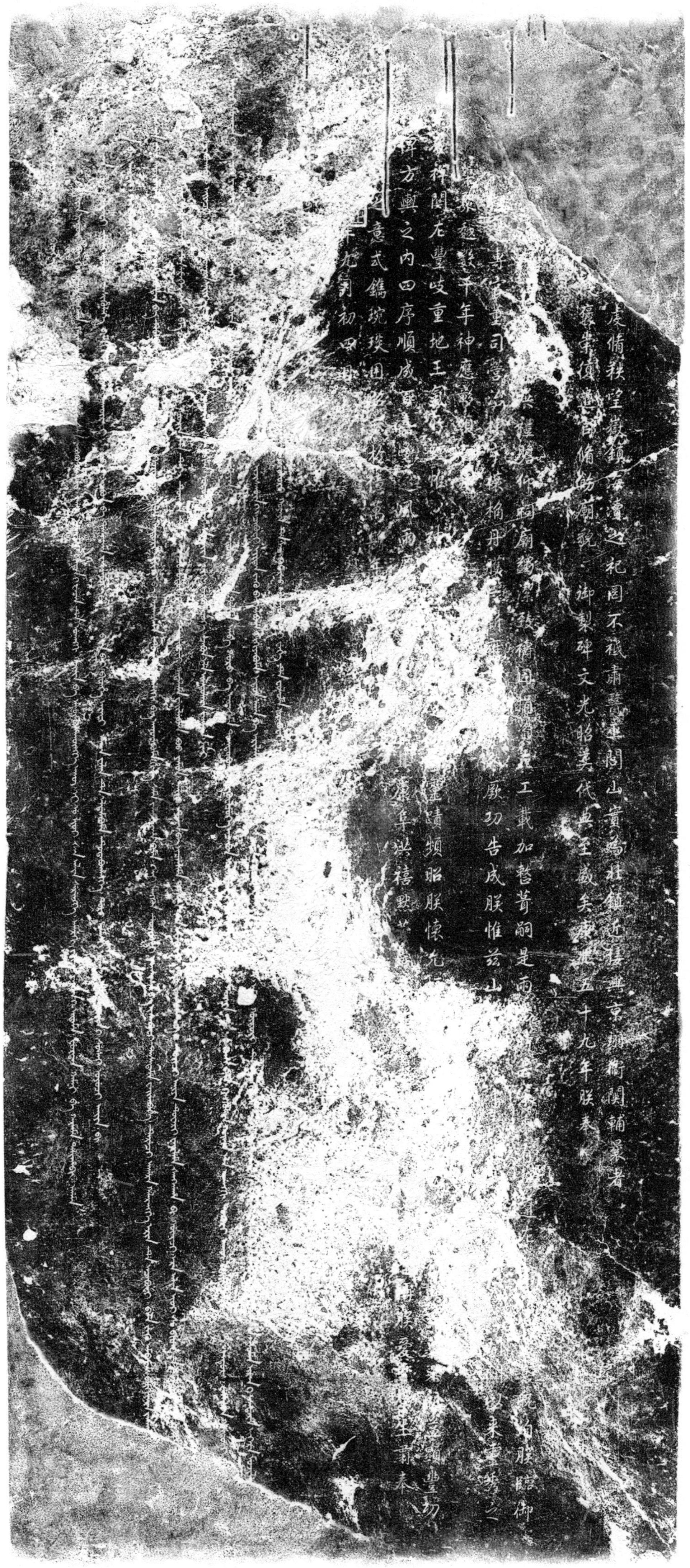

北鎮廟内雍正皇帝御製文碑拓本（碑陽） 清雍正五年

一一　廣寧道中作詩文碑

清乾隆八年

廣寧道中作詩文碑，清乾隆八年（一七四三）十月立，現存遼寧省錦州市北鎮廟御香殿前臺上東側。碑暗紫色沉積砂岩質，龜趺螭首。碑首高九十七厘米，寬一百一十八厘米，厚三十二厘米。碑身高二百五十三厘米，寬一百零九厘米，厚二十九厘米。龜趺首尾長二百六十四厘米，寬一百一十厘米，高八十一厘米。碑下爲方形花崗岩石座，長二百五十厘米，寬一百四十八厘米，高十五厘米。碑陽行草，五行，滿行十六字；碑陰無字。

《北寧市文物志》（趙傑、周洪山主編，遼寧民族出版社，一九九六年）、《遼寧碑志》（王晶辰主編，遼寧人民出版社，二〇〇二年）、《錦州市文物志》（趙振新、吴玉林主編，學苑出版社，二〇〇五年）均有著録。今據原碑照片及北鎮市考古和文物保護服務中心藏拓本録文。

碑文係乾隆皇帝御製七言律詩一首。

廣寧道中作詩文碑（碑陽）　清乾隆八年

録文　碑陽

囷鹿高堆富有秋，村農稍為展眉頭。小陽⌊春旭烘華罕，長女風光獵綵斿。素積鱗塍⌊真勝玉，青含麦壠正如油。何當豳里連京⌊洛，三白酬予望歲眸。　廣寧道中作。⌊

癸亥初冬上澣御筆⌊

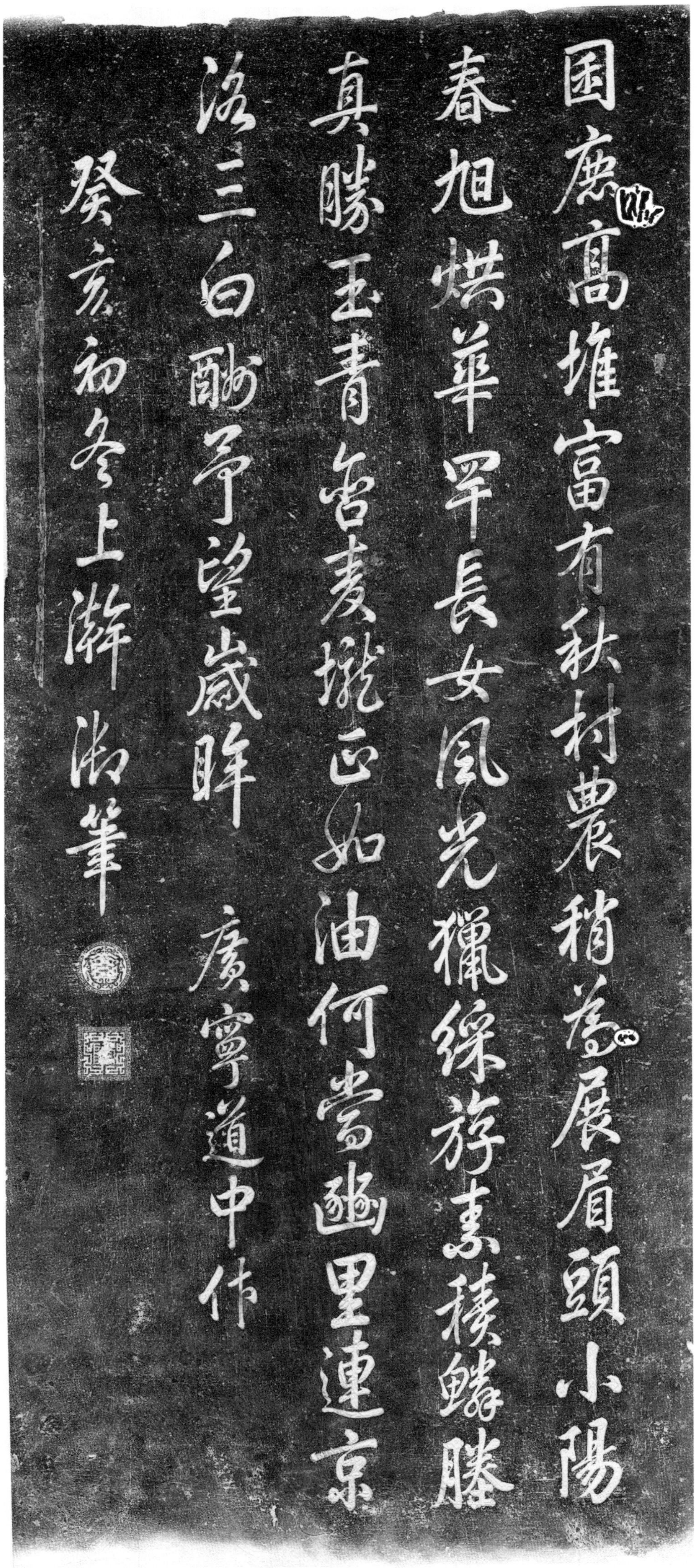

廣寧道中作詩文碑拓本（碑陽） 清乾隆八年

一二　過廣寧望毉巫閭山恭依皇祖元韵詩碑

清乾隆八年

過廣寧望醫巫閭山恭依皇祖元韵詩碑，清乾隆八年（一七四三）立，現存遼寧省錦州市北鎮廟御香殿前臺上東側。碑暗紫色沉積砂岩質，龜趺螭首。碑首高一百二十九厘米，寬一百三十四厘米，厚四十六厘米。碑身高三百厘米，寬一百二十二厘米，厚三十九厘米。龜趺首尾長二百八十九厘米，寬一百二十厘米，高八十四厘米。龜下爲方型石座，長二百四十厘米，寬一百四十二厘米，高十七厘米。碑陽行書，六行，滿行十九字；碑陰行書，六行，滿行十八字。其中，碑陰内容詳見本書後文清碑二五。

《北寧市文物志》（趙傑、周洪山主編，遼寧民族出版社，一九九六年）、《遼寧碑志》（王晶辰主編，遼寧人民出版社，二〇〇二年）、《錦州市文物志》（趙振新、吴玉林主編，學苑出版社，二〇〇五年）均有著録。今據原碑照片及北鎮市考古和文物保護服務中心藏拓本録文。

碑陽係乾隆皇帝於乾隆八年（一七四三）御製五言排律一首；碑陰係乾隆皇帝於乾隆四十八年（一七八三）御製五言律詩二首。

過廣寧望毉巫閭山恭依皇祖元韵詩碑（碑陽） 清乾隆八年

録文

碑陽

海旭凝螺黛，罡風削玉蓉。靈奇經覽乍，」聖蹟躡尋重。過客羣停轡，仙人迴矗峰〔一〕。徒思山側」逕，未撫寺前松。萬古為幽鎮，千秋溯舜封。崇功標」地紀，秩祀偶天宗。巀嶭疑騫鳳，巉岏突踔龍。盈眸」欣積素，步馬遲婁胸。　過廣寧望醫巫閭山恭依」皇祖元韻〔二〕。

癸亥孟冬月上澣御筆」

〔一〕《清高宗御製詩初集》（《故宮珍本叢刊》影印清刻本）卷一九此後注云：「是山有仙人岩、桃花洞、聖水盆、北鎮廟諸奇勝。」

〔二〕《清高宗御製詩初集》（《故宮珍本叢刊》影印清刻本）卷一九此詩題作《過廣寧望醫巫閭山恭依皇祖聖祖仁皇帝元韻》。

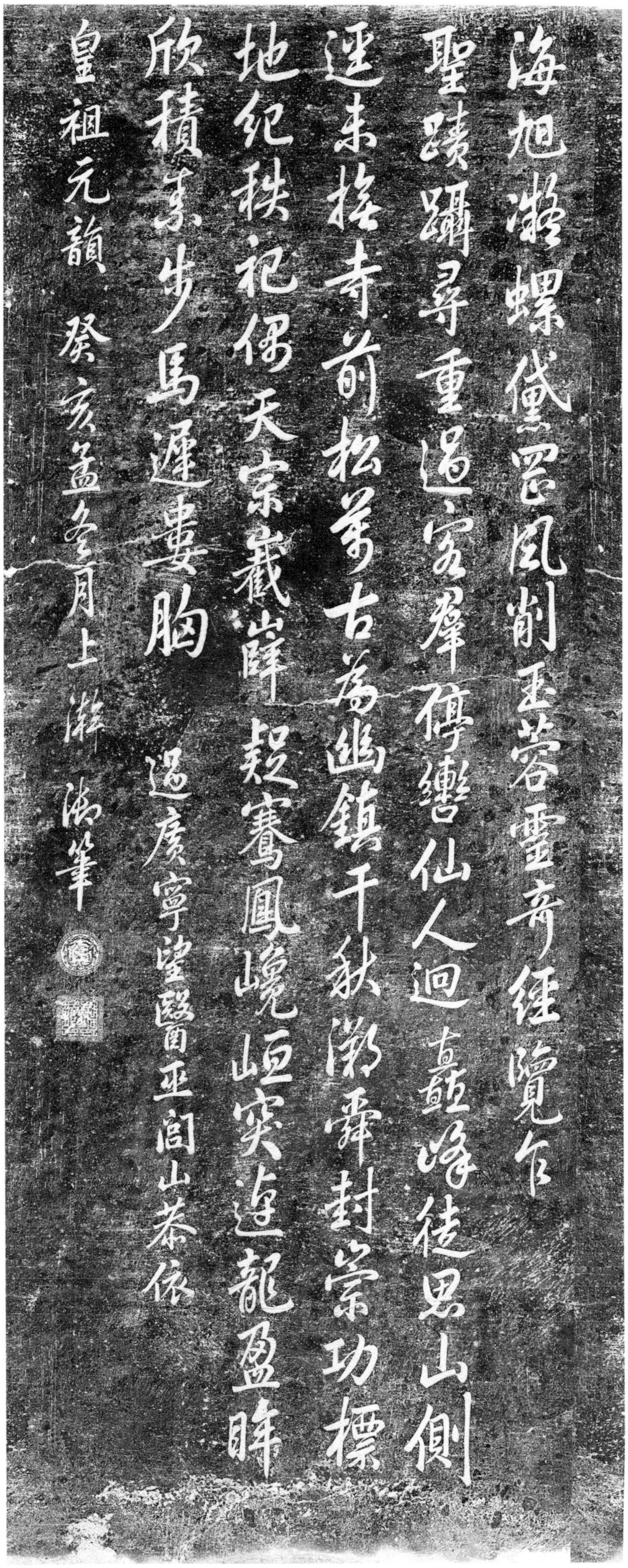

過廣寧望醫巫閭山恭依皇祖元韻詩碑拓本（碑陽）　清乾隆八年

一三　萬壽寺禪林比丘壇傳演毗尼碑

清乾隆十一年

萬壽寺禪林比丘壇傳演毗尼碑，清乾隆十一年（一七四六）立，現存遼寧省錦州市北鎮廟東側廣寧行宫前萬壽寺遺址。碑青灰色沉積砂岩質，龜趺螭首。碑首方形，高八十四厘米，寬八十五點五厘米，厚二十三厘米。碑身高一百九十五厘米，寬七十七點五厘米，厚二十二厘米。碑額正面篆書「傳演碑記」，二行四字，碑額背面楷書「好善樂施」，二行四字；碑陽楷書，二十行，滿行四十三字；碑陰楷書，二十六行，滿行四十字。

《北寧市文物志》（趙傑、周洪山主編，遼寧民族出版社，一九九六年）著録。今據原碑照片及北鎮市考古和文物保護服務中心藏拓本録文。

碑文記萬壽寺住持性寶和尚請求禮部允許立比丘壇，召集諸僧於萬壽寺開壇受戒之經過。

萬壽寺禪林比丘壇傳演毗尼碑（碑陽） 清乾隆十一年

録文

碑陽

萬壽寺禅林比邱〔一〕壇傳演毘尼碑記∟

如來所說，俯恢六度，世人善反，莫非覺岸津梁，况皈沙門，滅賊通昧，即是波羅蜜〔二〕多。自澄什踵起，林遠分宗，師範道∟立，而衲子淂入脩行之門，如是所說。但象教常懸，信耳者衆，僧性寳甚憫之，願立比邱壇，集諸僧受戒。惧以∟北鎮尊神殿宇，歷代祠祀。洎我∟朝屡加增脩，棟楹丹碧，不敢冒瀆。爰叩請∟禮部長官允可，扵五月望日起壇，延附洤僧際海為師範，其阿闍黎及賛引禮，各有司俱藉∟神厨胥安，遂畢壇於八月朔焉。僧思人誠善，及登彼道岍，倚獨比邱，而溺迹空□，尚多不洤，是以願諸僧咸持十∟戒，不致下堕塵網也。且恐后有脩洤者莫知所從，因勒石以記之。住持僧性寳和南謹記∟

大清乾隆十一年歲在丙寅八月穀旦立。∟

署理奉天錦州府知府、義州管邊同知岳海；∟奉天承德縣知縣黄開泰；∟管理廣寧等處城守尉三官保、併領催兵等；∟管理熊岳等處城守尉馬奇；∟蓋州堂印防守尉雅桑□；∟奉天錦州府廣寧縣知縣翟廷杰；∟正白旗佐領巴里賽；∟現任江南廬州府廬江縣知縣、本邑舉人張□蔚；∟奉天錦州府廣寧縣儒學訓導牛尚信；∟原任正定府欒城縣儒學訓導、本邑貢生胡琦；∟現任順天府平谷縣儒學訓導、本邑貢生張全。∟

〔一〕原碑此字應作「丘」，改作「邱」，乃避孔子之諱也。

〔二〕原碑此字誤作「密」。

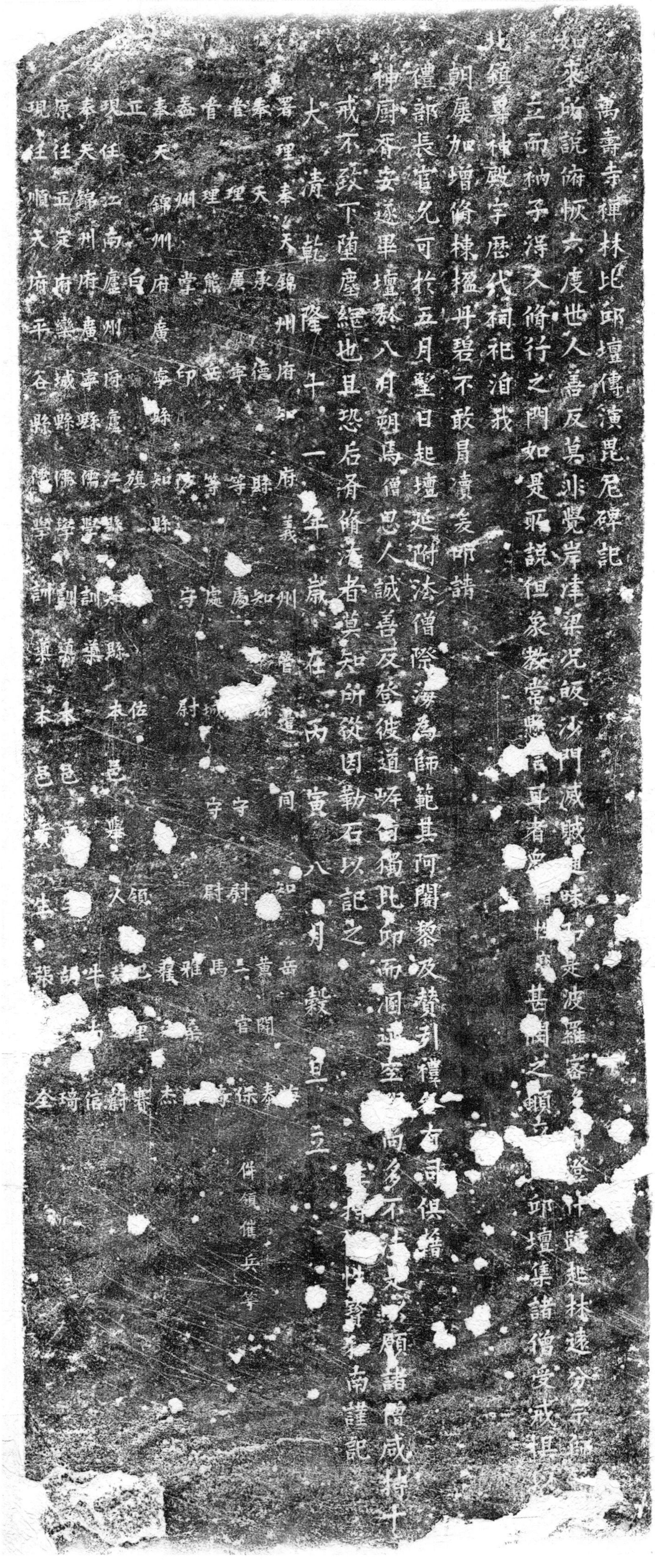

萬壽寺禪林比丘壇傳演毗尼碑拓本（碑陽） 清乾隆十一年

録文

碑陰

管理遼陽城哈屯□□□∟
原任江南泰興縣□□□拔貢∟
佐領：楊文明、刘四∟
現任順德府邢臺縣儒學司訓邑教習∟
廣寧縣典史∟
盖州騎都尉：程繼祖、巴金太∟
候選同知尉∟
防禦：吴連城、和蘇∟
驍騎校：拜色、角和、窝克諾、付拉吽、馬哈大、阿母乎朗、陳朝佐∟
盖州倉官∟
廣寧倉官：明壽图
户部筆帖式：張寘、巴明∟
工部千捴：祖朝风∟
候選州同∟
郵政廳：吕際平、于躍、∟
阿敦大、趙雲昇∟
内管領：王守德、王懷元∟
修戢郎：武尔图、汪洪臣、宋鼐∟
禮部左翼教習∟
舉人：∟
貢士：王嗣烈、倪景思、張聯耀∟

監生：馬士智、李竣發、王寵、刘澤全、汪從榮、李如惠、郭有亮ㄴ
生員：夏時寅、秦文科、杜宗甫、王静、候胜、王怀明、刘朝良、石英、馬士倫、ㄴ
李懷瑾、趙林石、王朝龍、張彩、杜滯、何天路、周文奎、張溥、吕廷選ㄴ
吏員：李国屏、張維翰、梁得惠、趙昇ㄴ
德禄ㄴ
孫顯武、李成器、張金凤、姚東明、程国瑞、刘敬庫ㄴ
七十六、刘正、姜自顕、包玉廷、王永、高德義ㄴ
谷可成、刘起雲、趙立中、錢通、郭雲、刘奉智ㄴ
鄭綸錫、邸如竹、陳旺忠、李榮、趙怀珍、楊見龍ㄴ
勝明基、盧廷佑、王連城、武成德、李万良、鄭恭昌ㄴ
汪會淵、何永祜、萬士義、張起惠、王有節、梁自琅ㄴ
武達氣、楊振、楊廷楠、葉君寵、董謨、汪從貴ㄴ
詹民大、張岐鳴、張喜貴、任義、邢德福、萬士發ㄴ
查哈、趙廷運、八各、倪貴兆、郝昌期、李全ㄴ
木克德布、温聯登、達思哈、薛廷元、高林、吕朝進ㄴ
六各、徐光弼、董鈞、魏侯敬、張文浅、吕朝佐ㄴ
張德政、吴遼子、高文龍、窝里太、任德性、徐光轂ㄴ
王良弼、馬朝逵、胡登徵、朗阿色立、史尚寬、楊自成ㄴ
謝士德、楚進印、孫挺、屠古素、王继新、刘蒲珍ㄴ
呉三達、刘成珍、段富、高尚品、王沛ㄴ
郭文登、趙連城、王宏礼、李鑑、王美善ㄴ

汪從先、黄自禄、邸九成、陳琦、秦文儒」
梁建中、沈德倫、王宏谋、刘景義、符良琦」
羅振威、周天培、何永禄、康彩、李天成」
張琳、董萬良、黄鵬、張顕宗、陳国佑」
郝文燦、徐亮、錢虎、王任明、刘彩」
馬朝運、朱秀、韩自魁、安起昇」
石工：齊聖」

萬壽寺禪林比丘壇傳演毗尼碑（碑陰） 清乾隆十一年

一四　北鎮廟萬壽寺香燈碑記

清乾隆十六年

北鎮廟萬壽寺香燈碑記，清乾隆十六年（一七五一）立，現存遼寧省錦州市北鎮廟東側廣寧行宫前萬壽寺遺址。碑青灰色沉積砂岩質，龜趺螭首。碑首方形，高八十厘米，寬八十一點三厘米，厚二十七厘米。碑身高一百九十五厘米，寬七十六厘米，厚二十二厘米。碑額正面篆書「香燈碑記」，二行四字；碑額背面篆書「功德無涯」，二行四字；碑陽楷書，二十五行，滿行四十一字；碑陰楷書，三十二行，滿行七十六字。

《北寧市文物志》（趙傑、周洪山主編，遼寧民族出版社，一九九六年）、《遼寧碑志》（王晶辰主編，遼寧人民出版社，二〇〇二年）均有著録。今據原碑照片及北鎮市考古和文物保護服務中心藏拓本録文。

碑文記北鎮萬壽寺香燈會之事。

北鎮廟萬壽寺香燈記碑（碑陽） 清乾隆十六年

録文

碑陽

北鎮萬壽寺香燈碑記∟

梵堂有不滅之輝，曰長明公；貝葉衍禪關之秘，曰傳燈録。蓋法力無疆，原無取於爝火；而神光普照，亦不外∟乎松膏。玉盞明，而人人思登覺路；金爐爇，而在在想渡迷津。是以官紳商賈，悉發虔誠；刀布金錢，咸資盛舉。∟竚見琉璃肆映，燈光与滿月齊輝；寶鼎常燃，香煙繞青霄現篆。庶使晨鐘暮鼓，借此以警人寰；寶懺金經，目∟之以喚客夢。初地成極樂之國，浮翠千重；殿宇為不夜之天，光明萬壽。∟

太子太保、總督川陝等處地方軍務、兼理粮餉、兼都察院右都御史、加三級尹繼善；∟刑部員外郎觀音保；∟開原城守尉巴里賽；∟廣寧防守尉永暖；∟文林郎、知廣寧縣事、加八級、紀録三次翟廷杰；∟管理廣寧旂倉事務監督寶綬；∟賜同進士出身、文林郎、任奉天錦州府儒學教授、署廣寧縣訓導、加一級蔡焞；∟中憲大夫、廣寧左領劉四、七十六；∟奉政大夫、廣寧防禦吴聯成、何書；∟工部筆帖式關保；∟驍騎校付拉吽、覺和、阿冊呼朗、拜色、柯提混、詹民大、花色、窩婁；∟佐理廣寧縣尉、加一級鄭綸錫；∟候選州同王良弼；∟內管領王守德、蘇登科、王懷元、蕭鍾靈、郭文登；∟太學生王寵、李俊發、夏時寅、李如蕙、馬士智、李培基；∟生員任克明、劉朝良。∟住持僧海清、∟性愷；∟石工齊聖。∟

乾隆拾陸年歲次辛未仲秋月穀旦立∟

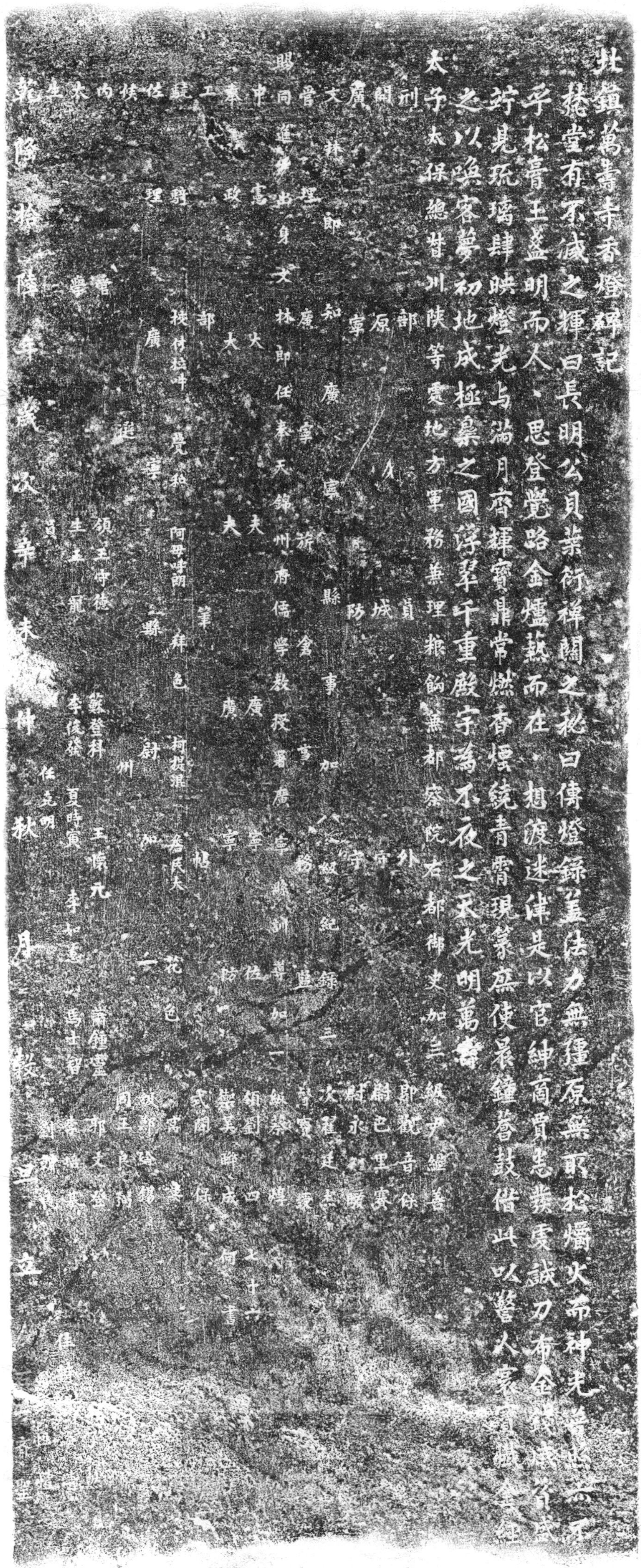

北鎮廟萬壽寺香燈記碑拓本（碑陽）　清乾隆十六年

碑陰

録文

監工領催李普㇗

廣寧六旂□□兵等會首：㇗吴自富、㇗斉文科、㇗侯釗㇗

閔亮公、㇗王国富、㇗趙廷華、㇗陳国亮、㇗刘自富㇗

王庄伯、㇗鄭奇有、㇗張英、㇗藍貴祥、㇗周文澕㇗

張景和、㇗王自璠、㇗呂国超、㇗孫継贤、㇗畢佐㇗

趙淂全、㇗李世傑、㇗王应臣、㇗張麺甫、㇗王剃頭甫㇗

萇要雨、㇗徐展臣、㇗鄭明礼、㇗韓淂力、㇗刘奉欽㇗

趙宗有、㇗牛应恵、㇗馮府房、㇗楊道明、㇗趙洪至㇗

梁福公、㇗趙文、㇗鄭文禄、㇗刘澤登、㇗陳自技㇗

姚可辛、㇗王国太、㇗肖文煌、㇗王染房、㇗刘文孝㇗

張美、㇗李旺民、㇗杜翼廷、㇗邵進忠、㇗鄧西方㇗

杜基新、㇗孫兆玺、㇗趙廷棟、㇗董佩陽、㇗葉自實㇗

刘起富、㇗蘇太吉、㇗刘油房、㇗韓見龙、㇗張国年㇗

郭士弘、㇗崔景山、㇗王□敏、㇗黄全万、㇗張廣生㇗

刘廷光、㇗楊宜春、㇗張文魁、㇗臧登元、㇗張万良㇗

王亮生、㇗李純一、㇗王永貴、㇗李放、㇗范晋臣㇗

馬登㒇、㇗刘偲、㇗趙天佑、㇗楊风彩、㇗刘澤全㇗

孫振林、㇗王有德、㇗楊従公、㇗蘇若德、㇗趙中龄㇗

梁可選、㇗竇治、㇗李長鮮、㇗李焕章、㇗刘俊㇗

楊廷玉、㇗郭酒甫、㇗郭㒇春、㇗郭应龙、㇗刘餅甫㇗

張瑾、㇗張文、㇗甄好仁、㇗李元勲、㇗邢召雨㇗

何如琨、㇗趙士俊、㇗杜勲、㇗董自修、㇗刘茂之㇗

李天成、ㄴ王沛、ㄴ姜自显、ㄴ李棟、ㄴ王美善ㄴ
佟傑、ㄴ焦永德、ㄴ成於樂、ㄴ刘璋、ㄴ孔玉凤ㄴ
楊凤来、ㄴ□□甫、ㄴ施成德、ㄴ常国璋、ㄴ卜文成ㄴ
關邑鋪達會首：ㄴ楚進印、ㄴ張董俶、ㄴ倪貴兆、ㄴ盧廷選、ㄴ喬棟、ㄴ解聯芳、ㄴ何廷林、ㄴ魏侯敬、ㄴ夏御田、ㄴ馬士信ㄴ
張呈璠、ㄴ姚憬、ㄴ周有夏、ㄴ房懋德、ㄴ楊廷楠、ㄴ刘景义、ㄴ賈珩、ㄴ馮俊士、ㄴ武成德、ㄴ張守会ㄴ
韓廣甫、ㄴ趙魁一、ㄴ刘亮公、ㄴ刘君福、ㄴ韓進英、ㄴ陳屏公、ㄴ郝廣生、ㄴ郭展公、ㄴ丁道成、ㄴ汪集遠ㄴ
紀雜貨甫、ㄴ石自海、ㄴ王昌運、ㄴ李茂公、ㄴ田永魁、ㄴ趙文宝、ㄴ高明、ㄴ趙与吾、ㄴ田自成、ㄴ袁琨山ㄴ
玉增、ㄴ要必勝、ㄴ丁士端、ㄴ李樹晨、ㄴ馬生俊、ㄴ李連之、ㄴ刘維棟、ㄴ張瓚、ㄴ要三聯、ㄴ刘英ㄴ
張孟宇、ㄴ孫福進、ㄴ紀起山、ㄴ李凤徽、ㄴ杜忠、ㄴ張自仁、ㄴ郭仲才、ㄴ李然、ㄴ刘士俊、ㄴ錢敬之ㄴ
郭玉、ㄴ金文太、ㄴ林可孝、ㄴ喬摸、ㄴ康起凤、ㄴ杜应龙、ㄴ王金荣、ㄴ曹佩、ㄴ李京一、ㄴ張成萬ㄴ
渠弼、ㄴ牛成傑、ㄴ刘九才、ㄴ要登福、ㄴ楊德魁、ㄴ李乾、ㄴ焦崇德、ㄴ李永元、ㄴ邸盛安、ㄴ王玉琪ㄴ
張子楠、ㄴ鄭明德、ㄴ李德雲、ㄴ蔡麵甫、ㄴ張吉、ㄴ李显廷、ㄴ刘斌、ㄴ張金凤、ㄴ刘謙、ㄴ王運通ㄴ
張朝柱、ㄴ佟国鼎、ㄴ王有祥、ㄴ郭世朝、ㄴ李云台、ㄴ徐魁、ㄴ王廷樞、ㄴ李浩、ㄴ張仁公、ㄴ田世法ㄴ
周美士、ㄴ金国文、ㄴ渠鈫、ㄴ趙旭儒、ㄴ姜萬益、ㄴ渠君佐、ㄴ閆珍、ㄴ楊作然、ㄴ夏君正、ㄴ徐大朋ㄴ
閆福臣、ㄴ鄭相佐、ㄴ王三禄、ㄴ刘澤侯、ㄴ王道昭、ㄴ佟天相、ㄴ韓廷章、ㄴ罗振间、ㄴ郭廷琦、ㄴ王彩臣ㄴ
賈彪、ㄴ楊金望、ㄴ楊公、ㄴ郝金寬、ㄴ張漠龄、ㄴ杜正元、ㄴ程達天、ㄴ程起忠、ㄴ李既商、ㄴ吴永杰ㄴ
趙大昌、ㄴ李亨成、ㄴ付從文、ㄴ寇得禄、ㄴ鄭古甫、ㄴ路一惠、ㄴ朱文庫、ㄴ姚秀、ㄴ王烟甫、ㄴ張文治ㄴ
張英、ㄴ趙成功、ㄴ郜從文、ㄴ刘得心、ㄴ張連貞、ㄴ史应疾、ㄴ王朝用、ㄴ王嘉章、ㄴ渠永成、ㄴ李朝用ㄴ
趙仁公、ㄴ王希文、ㄴ高万良、ㄴ刘文儒、ㄴ李应夏、ㄴ薛廷元、ㄴ刘成家、ㄴ張弘元、ㄴ李天茭、ㄴ袁世臣ㄴ
常玉貴、ㄴ張会臣、ㄴ何如配、ㄴ王薛远、ㄴ王起、ㄴ姚可植、ㄴ馬悦仲、ㄴ袁焕章、ㄴ田之盛、ㄴ高維新ㄴ
吕配陽、ㄴ何应吉、ㄴ重与号、ㄴ馬士傑、ㄴ石国玺、ㄴ肖淂功、ㄴ周銓、ㄴ楊天德、ㄴ周文彬、ㄴ康永清ㄴ
唐明忠、ㄴ白喜、ㄴ白云亮、ㄴ耿万成、ㄴ肖文章、ㄴ王永成、ㄴ王捷禄、ㄴ楊文登、ㄴ王重文、ㄴ孫大載ㄴ

栗末召、∟刘望成、∟馮守貴、∟張美、∟蔡進义、∟張從治、∟白玉琥、∟李良苐、∟斉万成、∟彭万里∟
楊作寧、∟徐廷相、∟王天召、∟趙有容、∟刘禄章、∟楊文章、∟楊忠、∟王銑炉、∟趙成謨、∟李美亨∟
高琳、∟王集新、∟刘成、∟王九量、∟陳礼、∟刘万庫、∟董謨、∟郝文昱、∟艾炳、∟史尚寬∟
馮玥、∟韓朝選、∟裴自有、∟郝国強、∟孟貴、∟白述重、∟韓天禄、∟王国平、∟郝昌期、∟李瑞∟
楊際春、∟郎聯標、∟張桂庭、∟尹美之、∟徐廣立、∟楊凤□、∟榮世弘、∟石成、∟佟錫貴、∟張弘道∟
山西會首：∟張国豪、∟武丕德、∟褚玉廷、∟劉仟、∟要新泰∟
王琨生、∟刘花甫、∟高君重∟
郭士俊、∟馬玫、∟張食店∟
張辛澤、∟随發成、∟周尔雲∟
丁士重、∟王眷忠、∟張朝风∟
榮笙莆、∟張宝还、∟趙青山∟
郝尔吉、∟周亮公、∟魏重宜∟
崔永富、∟趙剃頭甫、∟李廷選∟
楊世爵、∟刘全信、∟宋献廷∟
李進賢、∟崔守禄、∟王弼公∟
鄭洪泰、∟白玉珍、∟趙起相∟
蔡忠吉、∟郭永治、∟天吉号∟
王維、∟馬崇文、∟渠鉞∟
高云昌、∟刘清錫、∟刘奉之∟
馮家璋、∟胡登徵、∟劉正∟
刘应福、∟姚凤修、∟張朝璽∟
人和号、∟刘自共、∟斉景元∟

杜玉貞、ㄴ吴起、ㄴ申三傑ㄴ

王華、ㄴ邸九风、ㄴ郭士忠ㄴ

史廣、ㄴ樊起云、ㄴ王君兆ㄴ

王国楝、ㄴ文元章、ㄴ祝彬成ㄴ

安起昇、ㄴ閔自弘、ㄴ王有祉ㄴ

吴永、ㄴ李朝风、ㄴ張明忠ㄴ

□□會首ㄴ

賈端、ㄴ徐文炳、ㄴ王中美ㄴ

董成九、ㄴ張迈千、ㄴ高登科、ㄴ楊福彦、ㄴ祝寿則、ㄴ温玉、ㄴ黄茂時、ㄴ馬恵、ㄴ栗文九ㄴ

周昇、ㄴ楊士伯、ㄴ曹国宝、ㄴ張起雲、ㄴ李增龙、ㄴ孫瑾、ㄴ王銅鋪、ㄴ張添龙、ㄴ馮傑一ㄴ

張行遠、ㄴ張玉峰、ㄴ陳富生、ㄴ孫自富、ㄴ張欽、ㄴ郭通、ㄴ張屏侯、ㄴ張佩之、ㄴ張成璠ㄴ

刘永玫、ㄴ吴琦、ㄴ佟士龙、ㄴ李全、ㄴ董有林、ㄴ楊君球、ㄴ史文耀、ㄴ刘九如、ㄴ陳玉唐ㄴ

丁士龙、ㄴ葛亮公、ㄴ刘桐、ㄴ張玉仲、ㄴ謝竒公、ㄴ袁嘉至、ㄴ王怀珍、ㄴ趙廷運、ㄴ丁玉芝ㄴ

刘章、ㄴ張瑞廷、ㄴ楊正孝、ㄴ侯文彦、ㄴ王自义、ㄴ張自行、ㄴ翟明德、ㄴ楊此、ㄴ張举孝ㄴ

黄廷林、ㄴ龙锡甫、ㄴ孫杂貨甫、ㄴ吕林玉、ㄴ肖文昇、ㄴ李维、ㄴ刘德义、ㄴ王纯一、ㄴ刘自义ㄴ

趙中祥、ㄴ車珺、ㄴ刘孝意、ㄴ徐明儒、ㄴ符良榜、ㄴ張文秀、ㄴ趙明陽、ㄴ謝琨、ㄴ刘景福ㄴ

朱步倫、ㄴ巴自公、ㄴ方秀、ㄴ張聯魁、ㄴ潘明台、ㄴ王得寬、ㄴ徐輝生、ㄴ紀連成、ㄴ王尚理ㄴ

張文明、ㄴ吴成公、ㄴ刘重一、ㄴ王永魁、ㄴ潘自辛、ㄴ周自賢、ㄴ祁賛公、ㄴ闫盛公、ㄴ那林太ㄴ

王境、ㄴ馮俊士、ㄴ田福、ㄴ馮清颺、ㄴ董君然、ㄴ趙集仙、ㄴ張起山、ㄴ李英、ㄴ王嗣忠ㄴ

袁亮、ㄴ王自富、ㄴ張福三、ㄴ朱起明、ㄴ楊恣之、ㄴ孫實、ㄴ李明远、ㄴ李凤翔、ㄴ崔福合ㄴ

王永華、ㄴ罗文侯、ㄴ蕭炳、ㄴ王瑞生、ㄴ程远、ㄴ任福保、ㄴ王世只、ㄴ李輔一、ㄴ斉万銀ㄴ

祁云龙、ㄴ李彦方、ㄴ宋尔荣、ㄴ宋邦雨、ㄴ温义、ㄴ董望儒、ㄴ陳文仲、ㄴ侯呈功、ㄴ常景儒ㄴ

朱秀、ㄴ邸如珠、ㄴ李新、ㄴ刘起雲、ㄴ張显宗、ㄴ盧廷佑、ㄴ張起明、ㄴ刘成珍、ㄴ）何永祜ㄴ
佟二熙、ㄴ龍天慶、ㄴ可里順、ㄴ蔡福禄、ㄴ李如英、ㄴ白国賢、ㄴ王廷喜、ㄴ魏方立、ㄴ馬士仁ㄴ
王有祥、ㄴ紀文亮、ㄴ符君矦、ㄴ趙美山、ㄴ王文焯、ㄴ楊风和、ㄴ肖雲章、ㄴ呂文昇、ㄴ刘景义ㄴ
李尚仁、ㄴ馮皮房、ㄴ黄瑞、ㄴ好仁堂、ㄴ刘君佐、ㄴ吴永發、ㄴ陳元文、ㄴ斉世澤、ㄴ姚希崇ㄴ
張天喜、ㄴ張显祖、ㄴ邵国子、ㄴ祝有名、ㄴ曹火連甫、ㄴ王盛初、ㄴ陳輔、ㄴ王金得、ㄴ張方一ㄴ
刘木匠甫、ㄴ黄永基、ㄴ刘淂良、ㄴ趙功、ㄴ戚廷杰、ㄴ閆可、ㄴ張餅甫、ㄴ張靴甫、ㄴ陳竒ㄴ
王永魁、ㄴ王恵、ㄴ王眷德、ㄴ楊淂成、ㄴ曹士成、ㄴ刘成聡、ㄴ萬秀儒、ㄴ包油房、ㄴ侯呈立ㄴ
王有禄、ㄴ李朝富、ㄴ沈德经、ㄴ武振吉、ㄴ胡登照、ㄴ史可式、ㄴ温可勤、ㄴ吴又楠、ㄴ郭亨ㄴ

北鎮廟萬壽寺香燈記碑（碑陰） 清乾隆十六年

一五 游醫巫閭山雜咏詩碑

清乾隆十九年

游醫巫閭山雜咏詩碑，清乾隆十九年（一七五四）立，現存遼寧省錦州市北鎮廟御香殿前臺上西側。碑暗紫色沉積砂岩質，龜趺螭首。碑首高一百零八厘米，寬一百二十五厘米，厚四十厘米。碑身高二百五十厘米，寬一百一十四厘米，厚三十二厘米。龜趺首尾長二百四十七厘米，寬一百一十五厘米，高七十五厘米；龜下石座長一百九十二厘米，寬一百五十二厘米，高十五厘米。碑陽行草，八行，滿行十八字；碑陰無字。

《北鎮縣志》（王文璞等纂修，一九三三年石印本）、《北寧市文物志》（趙傑、周洪山主編，遼寧民族出版社，一九九六年）、《遼寧碑志》（王晶辰主編，遼寧人民出版社，二〇〇二年）、《錦州市文物志》（趙振新、吴玉林主編，學苑出版社，二〇〇五年）均有著録。今據原碑照片及北鎮市考古和文物保護服務中心藏拓本録文。

碑文係乾隆皇帝於乾隆十九年（一七五四）第二次東巡祭祖，游祭醫巫閭山時御製七言絶句四首。

游醫巫閭山雜咏詩碑（碑陽） 清乾隆十九年

録文

碑陽

摧崣孤峯削玉華，山樞旁出古槎枒。何人解事∟為镌泐，语鑿空猶道女媧。——翠雲屏。深谷棲遲可樂∟賢，路遥偶來訪林泉。東丹潛志讀書處，逐荒成∟圖豈恝然。——道隐谷。垂崖迸水落丝丝，冬不凝冰事匪∟奇。應為仙家脩養法，將臨玉女洗頭時。——聖水盆。飛∟來一笠冠巑岏，海水天雲入曠觀。奇蹟無窮宇宙∟内，欲幽探遍故應難。——曠観亭。遊醫巫閭山禊詠。∟

甲戌[一]季秋之月下澣御筆∟

[一] 原碑此字誤作「戍」。

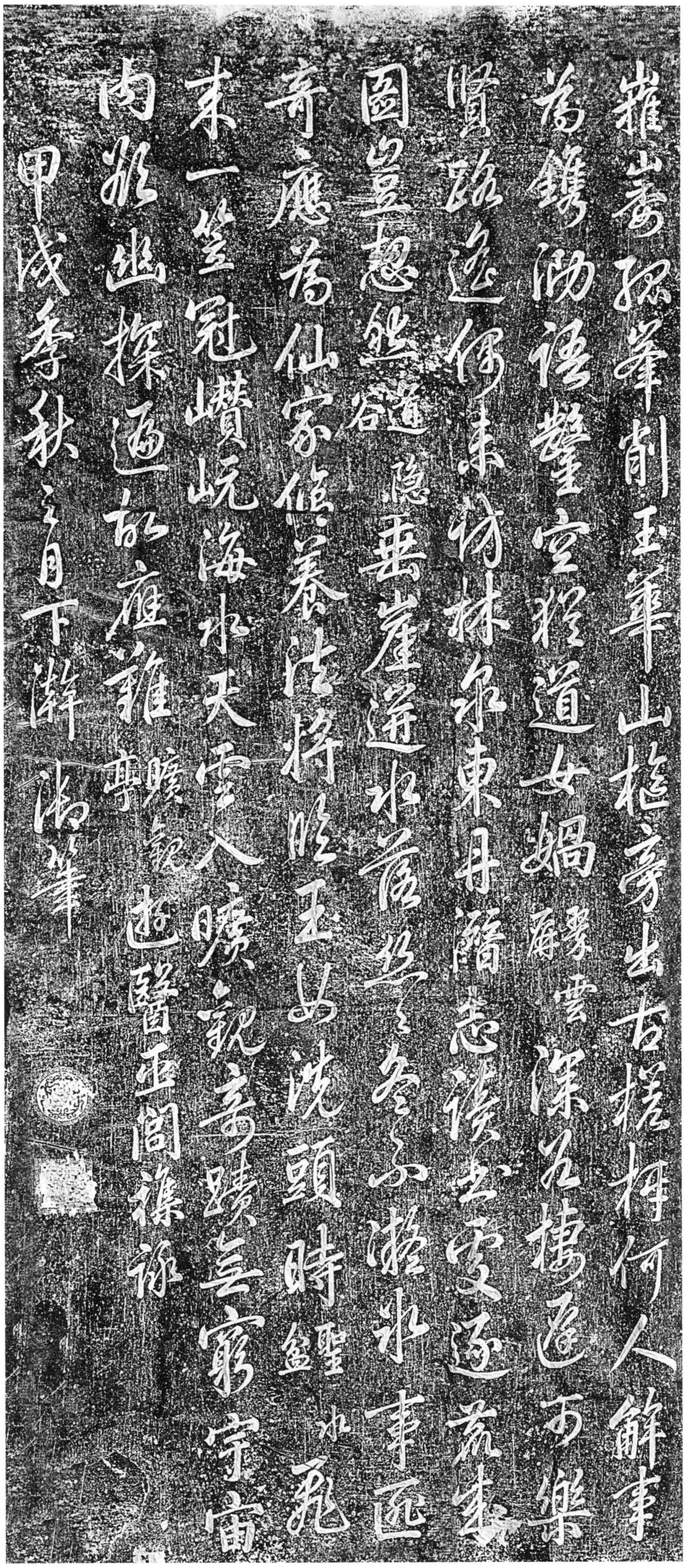

游醫巫閭山雜咏詩碑拓本（碑陽）　清乾隆十九年

一六　游醫巫閭山得五言三十韵詩碑

清乾隆十九年

游醫巫閭山得五言三十韵詩碑，清道光九年（一八二九）立，現存遼寧省錦州市北鎮廟御香殿前臺上東側。碑暗紫色沉積砂岩質，龜趺螭首。碑首高一百一十四厘米，寬一百二十八厘米，厚三十八厘米。碑身高二百二十四厘米，寬一百一十三厘米，厚三十厘米。龜趺首尾長二百五十厘米，寬一百一十八厘米，高八十三厘米。龜下石座長二百四十厘米，寬一百四十厘米，高十六厘米。碑陽行書，十二行，滿行三十字；碑陰行書，七行，滿行十三字。其中，碑陰内容詳見本書後文清碑三〇。

《北鎮縣志》（王文璞等纂修，一九三三年石印本）、《北寧市文物志》（趙傑、周洪山主編，遼寧民族出版社，一九九六年）、《遼寧碑志》（王晶辰主編，遼寧人民出版社，二〇〇二年）、《錦州市文物志》（趙振新、吴玉林主編，學苑出版社，二〇〇五年）均有著録。今據原碑照片及北鎮市考古和文物保護服務中心藏拓本録文。

碑陽爲清乾隆皇帝於乾隆十九年（一七五四）第二次東巡祭祖，途經廣寧游歷醫巫閭山所作五言三十韵長詩一首；碑陰爲清道光皇帝於道光九年（一八二九）秋八月，自北京至盛京祭祖，九月九日途經廣寧祭北鎮醫巫閭山時御製五言長詩一首。

游醫巫閭山得五言三十韵詩碑（碑陽） 清乾隆十九年

録文

碑陽

奥宇坤维鎮，神堂碣石開。巄嵸糸漢迥，案衍向陽恢。舜典升柴載，山經括地晐。ㄴ昔曾望巒嶺，今已近壇陔。禋祀帛籩薦，威儀卿尹陪。達诚仙阙退，问景玉鞭催。ㄴ蓊人栗梨墅，延緣剡㡙堆。圃場崇有積，雞犬静無猜。頻見畊荒隧，疇能保一ㄴ阬。日高方覺暖，風細不生埃。盤谷深成阻，牛山久已峐。寺颓僧避去，屋寂鳥飛ㄴ來。遂造崎嶇遍，從看草木繞。地靈自呵護，天意本栽培。寫霧豁宫霍，流澌落漩ㄴ洄。柳書人作字，松抱石為胎。初狹塵凡限，中宏造化胚。便因窮窈窕，旋命减ㄴ輿儓，诘曲遵碕逕，蒙茸藉嫩苔。懸崖飛瀑水，切顥聳瑤臺。尚有芝英碣，寧妨ㄴ薦福雷。武陵雖假借，洞口試徘徊。作记徵彭澤，成诗憶楚材。寧知進士第，轉遜ㄴ岳陽杯。肥遯幽棲處，翹思獨往才。雲巢真可號，龍種是谁栽。最後中峯矗，居ㄴ然一笠嵬。海天惟浩蕩，心目與兼該。始遇欣佳矣，曠觀诚壮哉。安期如却掃，ㄴ意不在蓬萊。　遊醫巫閭山淂五言三十韻。ㄴ

甲戌[一]杪秋之月下澣御筆ㄴ

[一] 原碑此字誤作「戍」。

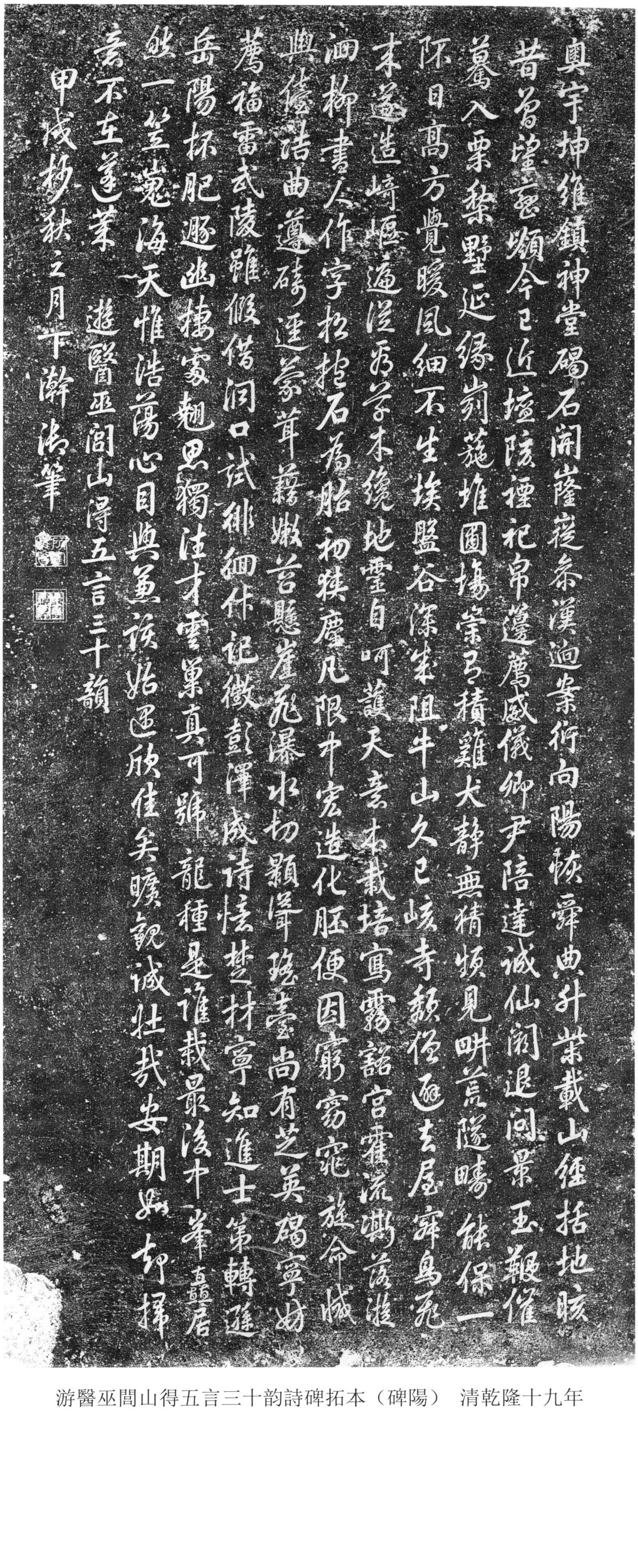

游醫巫閭山得五言三十韵詩碑拓本（碑陽） 清乾隆十九年

一七　廣寧道中作詩碑

清乾隆十九年

廣寧道中作詩碑，清乾隆十九年（一七五四）立，現存遼寧省錦州市北鎮廟御香殿前臺上西側。碑暗紫色沉積砂岩質，首身一體，龜趺螭首。碑首高一百零二厘米，寬一百二十五厘米，厚三十九厘米。碑身高二百四十四厘米，寬一百一十五厘米，厚三十三厘米。龜趺首尾長二百九十七厘米，寬一百二十厘米，高八十五厘米。趺下石座長二百二十八厘米，寬一百二十八厘米，高十七厘米。碑陽行草，十行，滿行二十四字；碑陰無字。

《北鎮縣志》（王文璞等纂修，一九三三年石印本）、《北寧市文物志》（趙傑、周洪山主編，遼寧民族出版社，一九九六年）、《遼寧碑志》（王晶辰主編，遼寧人民出版社，二〇〇二年）、《錦州市文物志》（趙振新、吴玉林主編，學苑出版社，二〇〇五年）均有著録。今據原碑照片及北鎮市考古和文物保護服務中心藏拓本録文。

碑文係乾隆十九年（一七五四）秋季，乾隆皇帝第二次東巡祭祖，駐蹕廣寧時，有感於明亡史實而御製七言長詩一首。

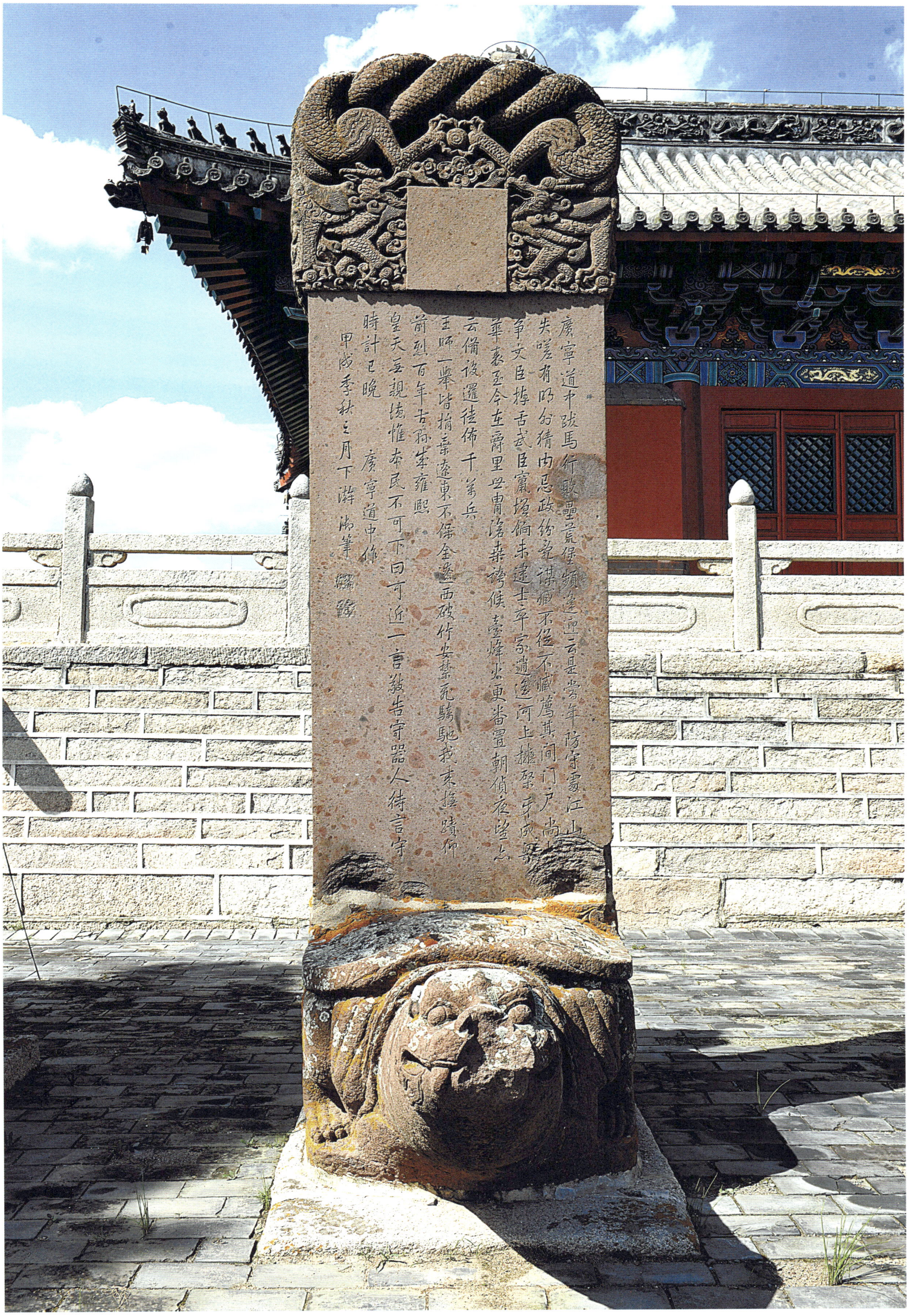

北鎮廟廣寧道中作詩碑（碑陽） 清乾隆十九年

録文

碑陽

廣寧道中跋馬行，敗壘荒堡頻逢迎。云是當年防守虜，江山□[一]」失嗟有明。外猜内忌政紛亂，謀臧不從不臧薦。其间门户尚□[二]」争，文臣掉舌武臣竄。增餉未逮士卒家，逍遥河上擁桀牙。成梁」華表至今在，爵里世胄滄桑誇。候臺烽火更番置，朝偵夜望亦」云備。設邏徒佈千萬兵，」王師一舉皆捐棄。遼東不保全遼西，破竹安禁飛騎馳。我來撫蹟仰」前烈，百年古縣成雍熙。」皇天無親德惟夲，民不可下曰可近。一言敬告守器人，待言守」時計已晚。廣寧道中作。」

甲戌[三]季秋之月下澣御筆」

[一] 原碑此字漫漶不清，《北鎮縣志》《錦州市文物志》《遼寧碑志》均作「坐」。

[二] 原碑此字漫漶不清，《北鎮縣志》《錦州市文物志》《遼寧碑志》均作「相」。

[三] 原碑此字誤作「戍」。

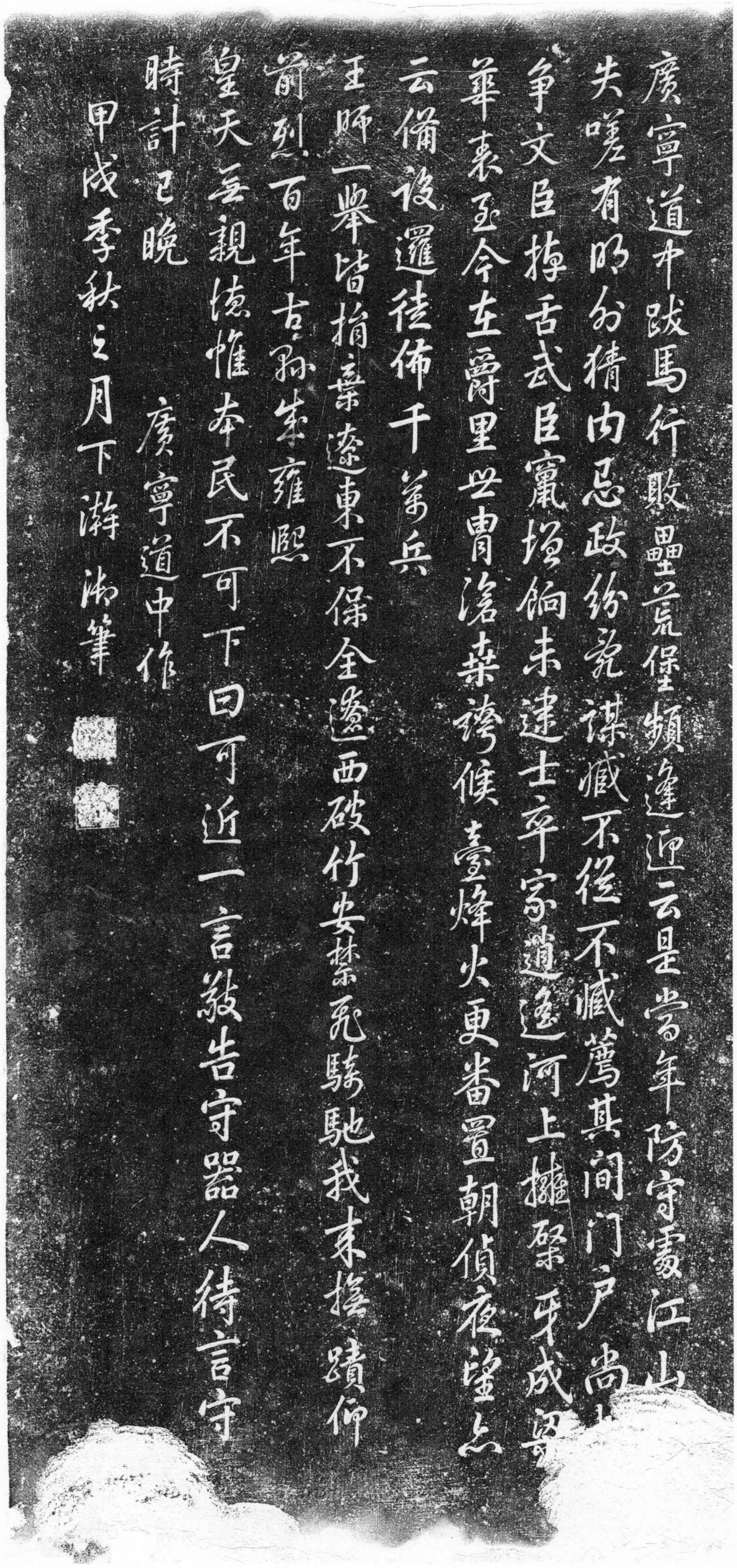

北鎮廟廣寧道中作詩碑拓本（碑陽） 清乾隆十九年

一八 御祭文碑

清乾隆十九年

御祭文碑，清乾隆十九年（一七五四）立，現存遼寧省錦州市北鎮廟神馬殿後碑亭西側。碑黄灰色沉積砂岩質，龜趺螭首。碑首高一百一十七厘米，寬一百一十二厘米，厚四十一點五厘米。碑身高二百四十厘米，寬一百零六厘米，厚三十七厘米。龜趺首尾長二百八十六厘米，寬一百零六厘米，高八十八厘米。龜下石座長二百一十厘米，寬一百三十七厘米，高十六厘米。碑額篆书「御祭」，一行二字；碑陽碑文爲滿漢兩種字體，其内容相同，漢文碑文楷書，六行，滿行三十三字。碑陰無字。

《錦州市文物志》（趙振新、吴玉林主編，學苑出版社，二〇〇五年）著録。今據原碑照片及北鎮市考古和文物保護服務中心藏拓本録文。

碑文係乾隆皇帝於乾隆十九年（一七五四）冬初，東巡祭祖，於北鎮廟祭神時御製七言律詩一首。

北鎮廟御祭文碑（碑陽）　清乾隆十九年

録文

碑陽

祭∟北鎮醫巫閭山：∟敬謁∟橋山大典昭，旋輿躅吉祀寅朝。提封扵昔更無北，望秩而今溯有姚。廟古百王虔盛享，∟神庥億載佑全遼。高低黍稻盈豳野，歲歲顒祈風雨調。∟

乾隆十有九年歲在甲戌冬初之吉御製并書∟

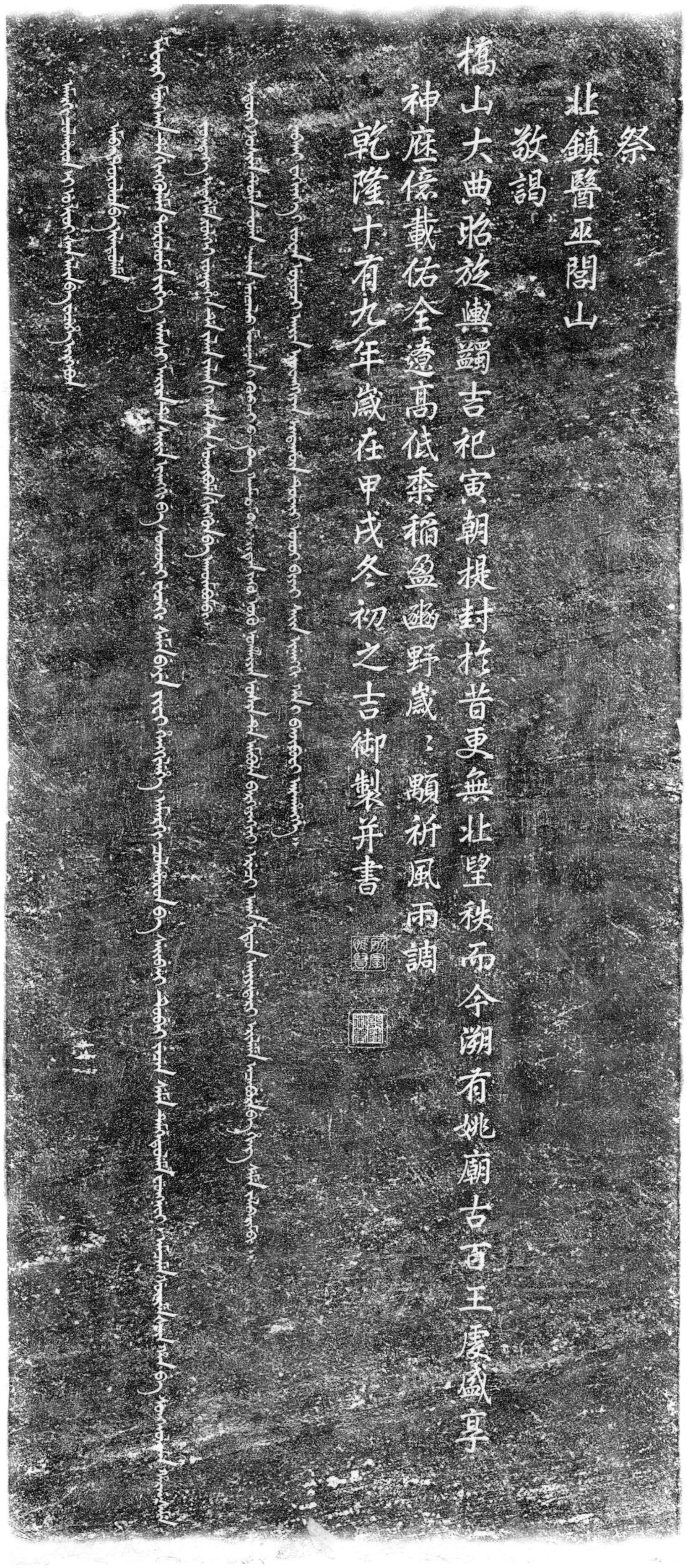
祭
北鎮醫巫閭山
敬諭
橋山大典昭旋輿蠲吉祀寅朝提封在昔更無北望秩而今溯有姚廟古百王虔盛享
神庥億載佑全遼高低黍稻盈豳野歲々顒祈風雨調
乾隆十有九年歲在甲戌冬初之吉御製并書

北鎮廟御祭文碑拓本（碑陽） 清乾隆十九年

一九 觀音閣即景詩碑

清乾隆四十三年

觀音閣即景詩碑，清乾隆四十三年（一七七八）立，現存遼寧省錦州市北鎮廟御香殿前臺下東側。碑暗紫色沉積砂岩質，龜趺螭首。碑首高九十厘米，寬九十三厘米，厚二十五厘米。碑身高二百一十三厘米，寬八十八厘米，厚二十厘米。龜趺首尾長二百三十八厘米，寬九十六厘米，高七十三厘米。龜下石座長二百二十七厘米，寬一百三十厘米，高十七厘米。碑陽行草，七行，滿行十四字；碑陰無字。

《北鎮縣志》（王文璞等纂修，一九三三年石印本）、《北寧市文物志》（趙傑、周洪山主編，遼寧民族出版社，一九九六年）、《遼寧碑志》（王晶辰主編，遼寧人民出版社，二〇〇二年）、《錦州市文物志》（趙振新、吴玉林主編，學苑出版社，二〇〇五年）均有著録。今據原碑照片及北鎮市考古和文物保護服務中心藏拓本録文。

碑文係乾隆皇帝於乾隆四十三年（一七七八）第三次東巡，游祭醫巫閭山時御製五言律詩二首。

觀音閣即景詩碑（碑陽） 清乾隆四十三年

録文

碑陽

鎮廟更西北，禮成一问蹊。縱観连海潤，∟直上與天齊。不盡奇和诡，谁知端与倪。∟無煩重徵古，七景阅前題[一]。诘曲歷雲∟関，精藍迴巘间。湧兹悟空色，較昔異容∟颜。胎石松多瘦，依巖鶴自閒。天成同入∟路[二]，三載別盤山[三]。觀音阁即景二首。∟

戊戌仲秋月上澣御筆∟

〔一〕《清高宗御製詩四集》（《故宮珍本叢刊》影印清刻本）卷五二此後注云：「甲戌經此，曾作《游醫巫閭山遍歷諸勝》五言排律三十韻，注中有聖水盆、蝌蚪碑、桃花洞、吕公岩、道隱谷、雲巢松、曠觀亭等七景，今泐石崖間。」

〔二〕《清高宗御製詩四集》（《故宮珍本叢刊》影印清刻本）卷五二此後注云：「崖口入處，大似天成寺松石間意。」

〔三〕《清高宗御製詩四集》（《故宮珍本叢刊》影印清刻本）卷五二此後注云：「盤山未到者，今已三年矣。」

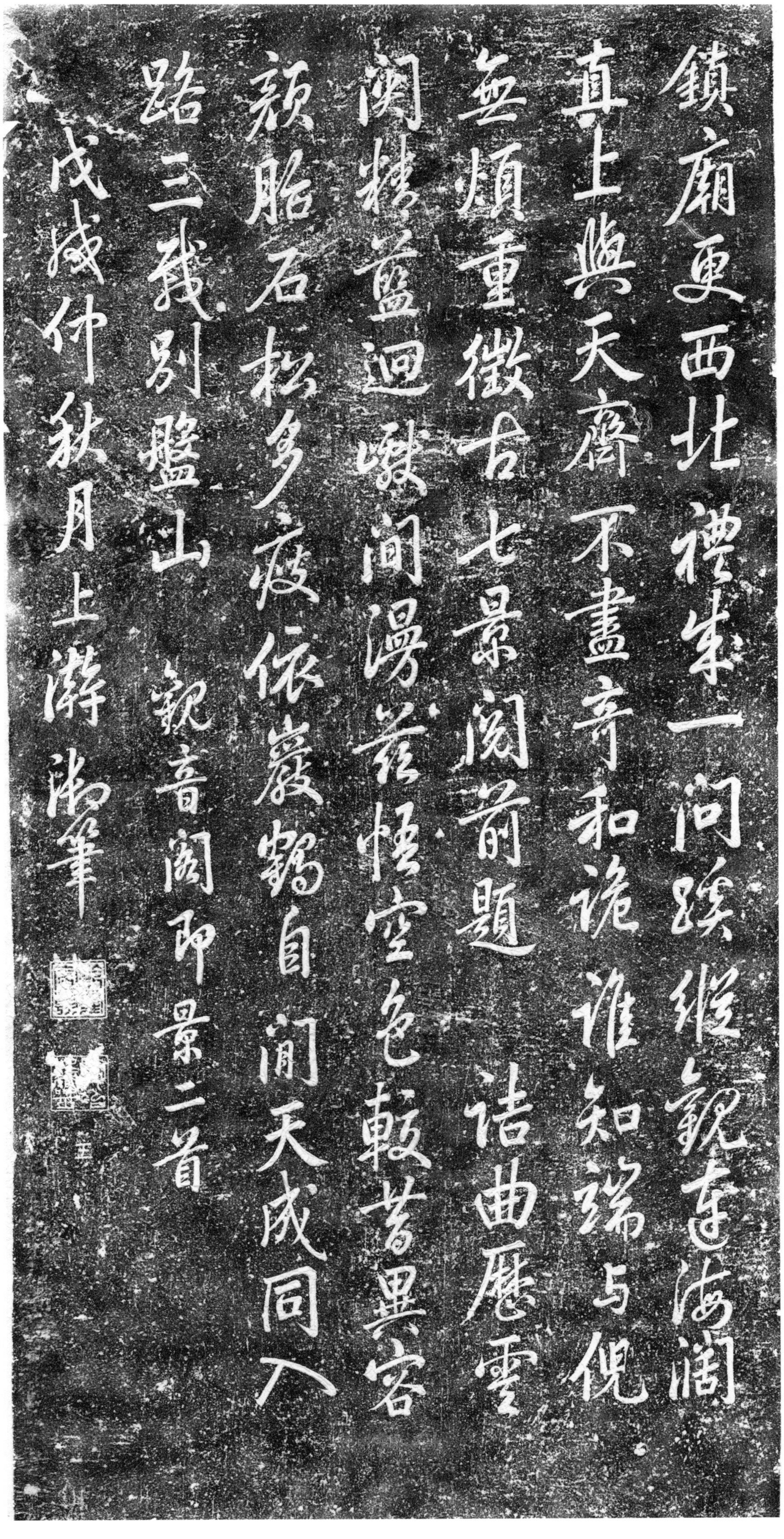
真上與天齊不盡奇和詭誰知端與倪
無煩重徵古七景閣前題
顏脂石松多夜依巖鶴自閒天成同入
路三巘別盤山
觀音閣即景二首
戊戌仲秋月上澣御筆

觀音閣即景詩碑拓本（碑陽） 清乾隆四十三年

二〇　望醫巫閭山再依皇祖元韵詩碑

清乾隆四十三年

望醫巫閭山再依皇祖元韵詩碑，清乾隆四十三年（一七七八）立，現存遼寧省錦州市北鎮廟御香殿前臺上西側。碑暗紫色沉積砂岩質，龜趺螭首。碑首高一百零三厘米，寬一百一十二厘米，厚三十五厘米。碑身高二百三十厘米，寬一百零七厘米，厚三十一厘米。龜趺首尾長二百六十八厘米，寬一百一十厘米，高七十五厘米。龜下石座長一百八十厘米，寬一百三十厘米，高十四厘米。碑陽行書，七行，滿行十八字；碑陰無字。

《北寧市文物志》（趙傑、周洪山主編，遼寧民族出版社，一九九六年）、《遼寧碑志》（王晶辰主編，遼寧人民出版社，二〇〇二年）、《錦州市文物志》（趙振新、吴玉林主編，學苑出版社，二〇〇五年）均有著録。今據原碑照片及北鎮市考古和文物保護服務中心藏拓本録文。

碑文係乾隆皇帝於乾隆四十三年（一七七八）第三次東巡祭祖時，游祭醫巫閭山時御製五言律詩一首。

望醫巫閭山再依皇祖元韵詩碑（碑陽） 清乾隆四十三年

録文

碑陽

迎輿罨秀氣，不異把芙蓉。淂淂行行近，葱葱∟鬱鬱重。猶嫌數里路，原識幾層峯。豈是虛摹境，∟即當真撫松。幽州千刧鎮，古廟萬年封。肅拜申∟淵悃，∟明禋遵六宗。未瞻闕闢鳳，已覺氣為龍。一望紛∟吾慕，繼繩敢懈胸。望醫巫閭山再依∟皇祖元韻。

戊戌[一]仲秋月御筆[二]∟

[一] 原碑此字誤作「戌」。

[二] 此詩載於《乾隆御製詩四集》（《故宮珍本叢刊》影印清刻本）卷五二。

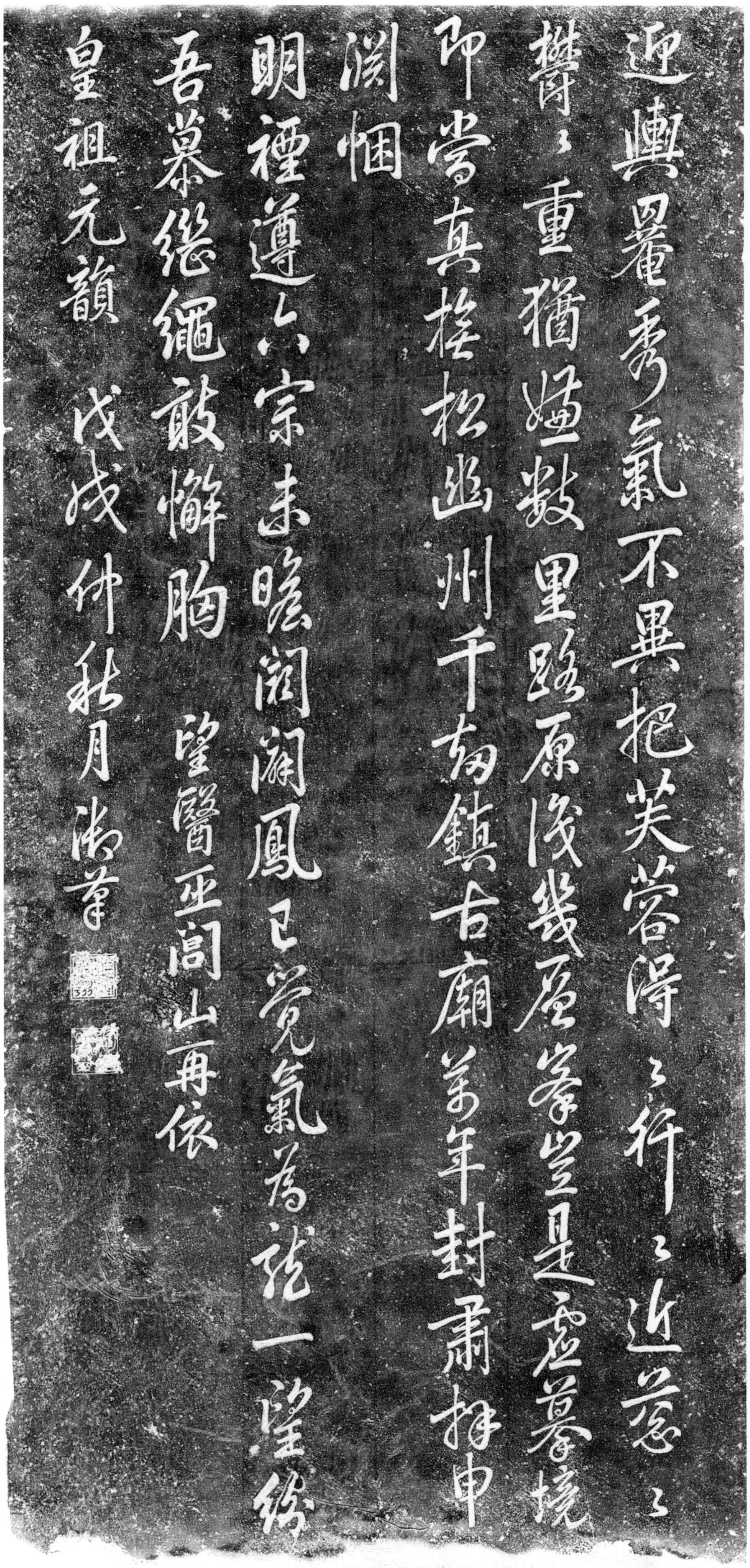

望醫巫閭山再依皇祖元韵诗碑拓本（碑陽） 清乾隆四十三年

二一 廣寧道中作詩碑

清乾隆四十三年

廣寧道中作詩碑，清乾隆四十三年（一七七八）立，現存遼寧省錦州市北鎮廟御香殿前臺下東側。碑暗紫色沉積砂岩質，龜趺螭首。碑首高一百二十八厘米，寬一百二十四厘米，厚三十七厘米。碑身高二百四十五厘米，寬一百一十六厘米，厚二十九厘米。龜趺首尾長三百四十五厘米，寬一百二十八厘米，高八十二厘米。龜下石座長二百四十五厘米，寬一百五十五厘米，高十一厘米。碑陽行書，四行，滿行十六字；碑陰無字。

《北寧市文物志》（趙傑、周洪山主編，遼寧民族出版社，一九九六年）、《遼寧碑志》（王晶辰主編，遼寧人民出版社，二〇〇二年）、《錦州市文物志》（趙振新、吴玉林主編，學苑出版社，二〇〇五年）均有著録。今據原碑照片及北鎮市考古和文物保護服務中心藏拓本録文。

碑文係乾隆第三次東巡祭祖，途經廣寧時御製五言律詩一首。

廣寧道中作詩碑（碑陽） 清乾隆四十三年

録文　碑陽

長亭復短亭，古縣此重經。憑海負山處，御」中扼外形。一家非所論[一]，九伐亦云停。寰宇」今滋廣，胥為籌永寧。　廣寧道中作。」

戊戌[二]仲秋上澣御筆」

[一]《清高宗御製詩四集》（《故宫珍本叢刊》影印清刻本）卷五二此後注云：「《廣寧縣志》稱其形勢負閭山，憑渤海，據勝青營，扼衝中外。蓋猶沿勝國舊聞，今則中外一家，廣寧已爲陪都屬邑，又何妨扼之可言乎！」

[二]原碑此字誤作「戍」。

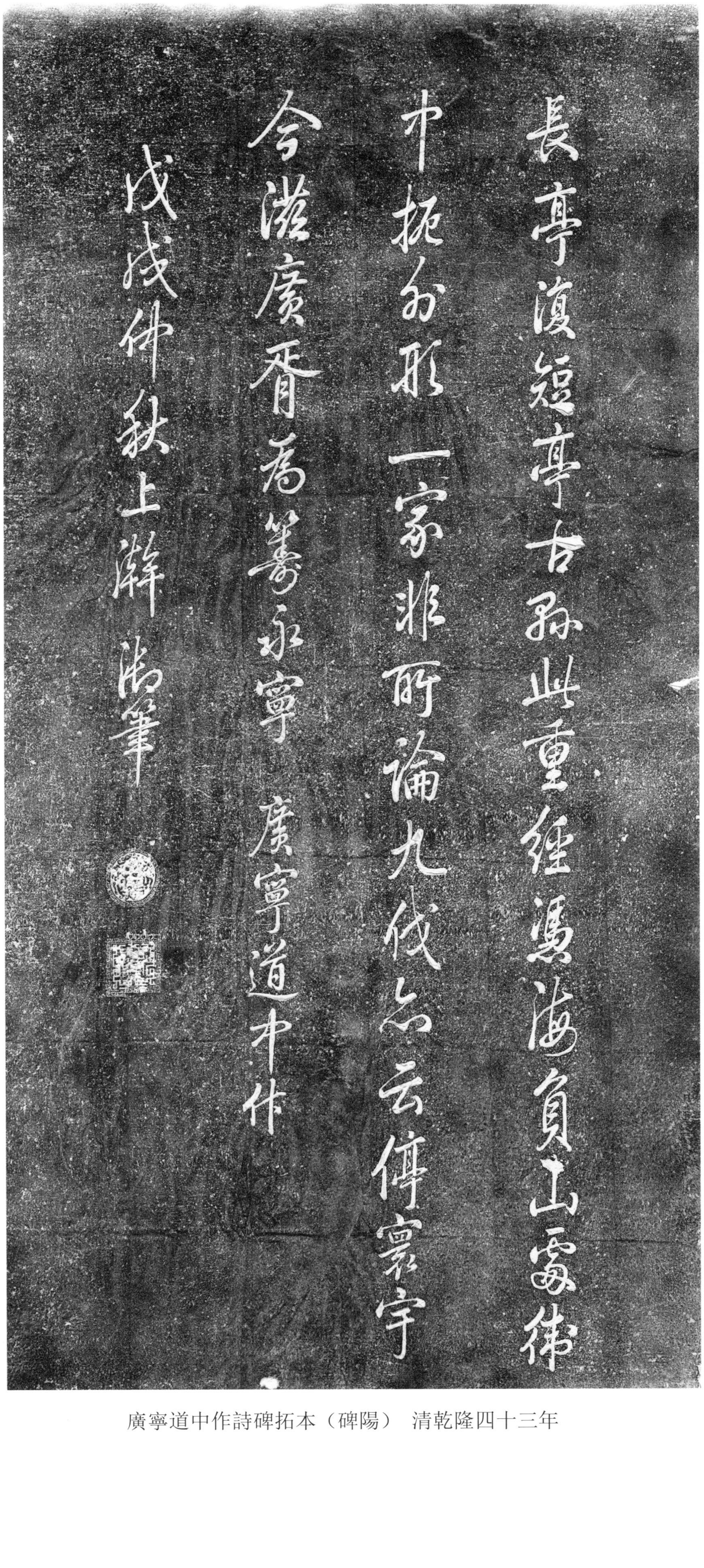

廣寧道中作詩碑拓本（碑陽） 清乾隆四十三年

二二一 祭醫巫閭山詩碑

清乾隆四十三年

祭醫巫閭山詩碑，清乾隆四十三年（一七七八）立，現存遼寧省錦州市北鎮廟御香殿前臺下東側。碑暗紫色沉積砂岩質，龜趺螭首。碑首高八十五厘米，寬九十二厘米，厚十七厘米。碑身高二百三十厘米，寬九十厘米，厚十四厘米。龜趺首尾長三百一十三厘米，寬一百一十六厘米，高八十厘米。碑陽行書，七行，滿行十六字；碑陰無字。

《北寧市文物志》（趙傑、周洪山主編，遼寧民族出版社，一九九六年）、《遼寧碑志》（王晶辰主編，遼寧人民出版社，二〇〇二年）、《錦州市文物志》（趙振新、吴玉林主編，學苑出版社，二〇〇五年）均有著録。今據原碑照片及北鎮市考古和文物保護服務中心藏拓本録文。

碑文係乾隆皇帝第三次東巡祭祖，途經廣寧祭北鎮廟時御製五言律詩一首。

祭醫巫閭山詩碑（碑陽） 清乾隆四十三年

録文

碑陽

向因旋蹕乚祀，今以進途乚禋[一]。乚鎮地奠千刧，佐乚天福萬民。夲無為己禱，饒有致心寅。前度乚祈辭在[二]，依然如昔申。祭乚北鎮醫巫閭山作。

戊戌[三]仲秋上澣御筆乚

[一]《清高宗御製詩四集》（《故宫珍本叢刊》影印清刻本）卷五二此後注云：「癸亥甲戌，皆由邊外至盛京，歸途始經北鎮致祭。今年出山海關而行，先經是山，因即申柴望之禮。」

[二]《清高宗御製詩四集》（《故宫珍本叢刊》影印清刻本）卷五二此後注云：「甲戌祭山，有『歲歲顒祈風雨調』之句，即勒碑其處。」

[三]原碑此字誤作「戍」。

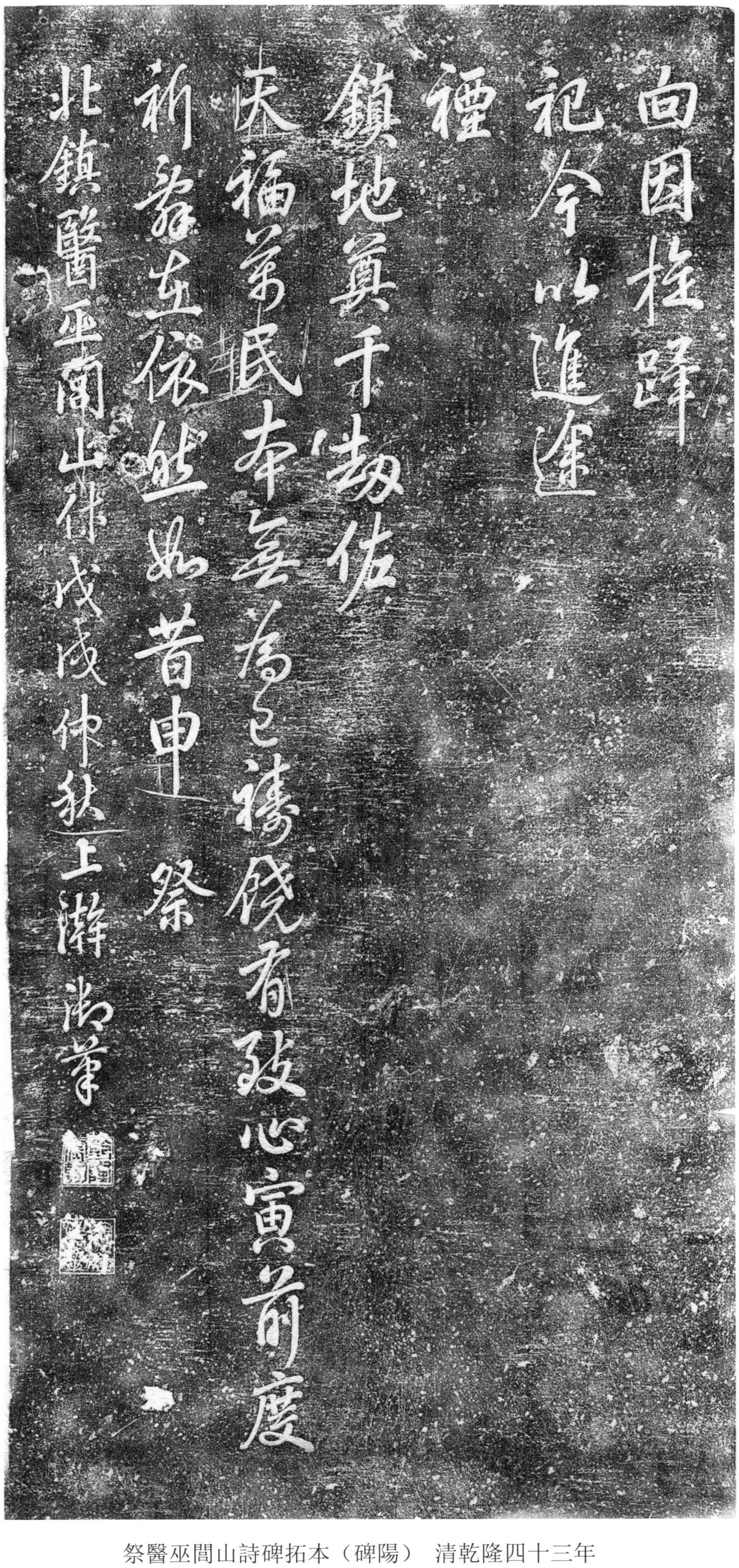

祭醫巫閭山詩碑拓本（碑陽） 清乾隆四十三年

一二三 醫巫閭山四咏詩碑

清乾隆四十三年

醫巫閭山四咏詩碑，清乾隆四十三年（一七七八）立，現存遼寧省錦州市北鎮廟御香殿前臺下東側。碑暗紫色沉積砂岩質，龜趺螭首。碑首高九十厘米，寬九十三厘米，厚二十五厘米。碑身高二百一十三厘米，寬八十八厘米，厚二十厘米。龜趺首尾長二百三十四厘米，寬二百二十七厘米，高七十二厘米。碑陽行書，八行，滿行十八字；碑陰無字。

《北鎮縣志》（王文璞等纂修，一九三三年石印本）、《北寧市文物志》（趙傑、周洪山主編，遼寧民族出版社，一九九六年）、《遼寧碑志》（王晶辰主編，遼寧人民出版社，二〇〇二年）、《錦州市文物志》（趙振新、吴玉林主編，學苑出版社，二〇〇五年）均有著録。今據原碑照片及北鎮市考古和文物保護服務中心藏拓本録文。

碑文係乾隆皇帝於乾隆四十三年（一七七八）第三次東巡祭祖，游祭醫巫閭山時御製七言絶句四首。

醫巫閭山四咏詩碑（碑陽） 清乾隆四十三年

録文　碑陽

廟西峙立翠雲屏，凝盼谁能擬色形。一石丈餘ㄴ大方廣[一]，補天两字出何經[二]？——翠雲屏。聞道深山足隱ㄴ淪，與居木石桂松隣。谁知潛志樂飢者，原是攖ㄴ身逐鹿人[三]。——道隱谷。列崖垂落水如簾，隔斷塵氛静ㄴ且恬。多有朝鮮人泐句，箕疇文化至今漸[四]。——聖水盆。ㄴ山堂此日已為亭，眼底平陵碧海渟。應是遼王ㄴ貯書處[五]，至今秀色蓄睟青。——曠觀亭。醫巫閭四詠。ㄴ

戊戌[六]仲秋月上澣御筆ㄴ

〔一〕《清高宗御製詩四集》（《故宫珍本叢刊》影印清刻本）卷五二此後注云：「見《錦州府志》」。

〔二〕《清高宗御製詩四集》（《故宫珍本叢刊》影印清刻本）卷五二此後注云：「上泐明張學顔書『補天石』三字」。

〔三〕《清高宗御製詩四集》（《故宫珍本叢刊》影印清刻本）卷五二此後注云：「《石渠寳笈》藏有《東丹逐鹿圖》」。

〔四〕《清高宗御製詩四集》（《故宫珍本叢刊》影印清刻本）卷五二此後注云：「崖間多泐朝鮮人詩，盖朝鮮爲箕子所封，至今猶重文教。」

〔五〕《清高宗御製詩四集》（《故宫珍本叢刊》影印清刻本）卷五二此後注云：「志稱：遼王托雲愛山之奇秀，於極頂築堂，曰『望海』。購書數萬卷，貯之今亭，想即其處。按：遼王托雲即東丹王也。」按：乾隆皇帝注中所言「志稱」之「志」，實為《大清一統志》；「托雲」，應為「突欲」。《大清一統志》卷六四有云：「醫巫閭山在廣寧縣西十里，高十里，周二百四十里。遼人皇王耶律突欲愛其奇秀，藏書數萬卷於山頂，卒葬於此。」

〔六〕原碑此字誤作「戍」。

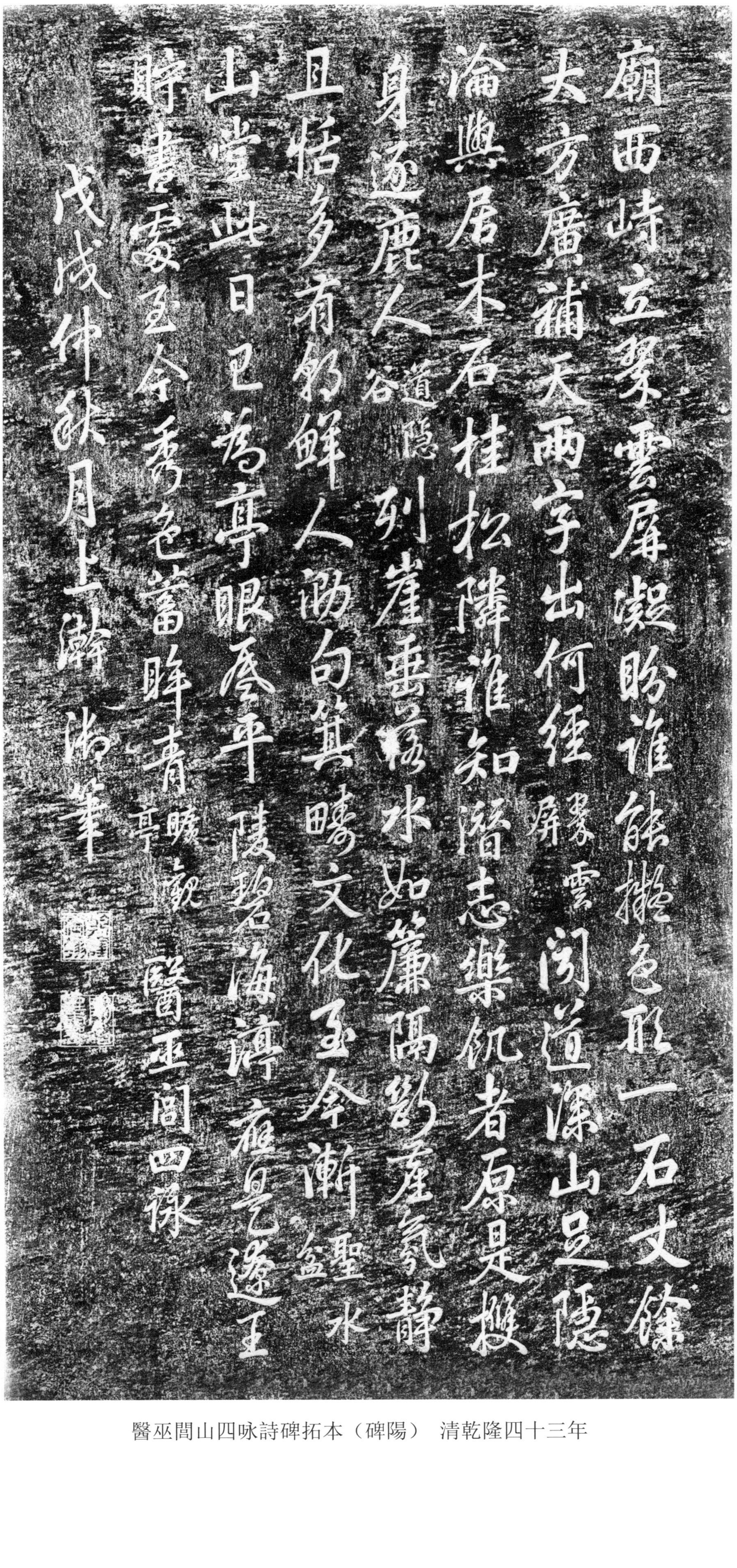

醫巫閭山四咏詩碑拓本（碑陽） 清乾隆四十三年

一二四　望醫巫閭山三依皇祖元韵詩碑

清乾隆四十八年

望醫巫閭山三依皇祖元韵詩碑，清乾隆四十八年（一七八三）立，現存遼寧省錦州市北鎮廟御香殿前臺下西側。碑暗紫色沉積砂岩質，龜趺螭首。碑首高八十四厘米，寬八十九厘米，厚三十六厘米。碑身高二百零九厘米，寬九十二厘米，厚二十四厘米。龜趺首尾長二百三十二厘米，寬一百零三厘米，高七十八厘米。龜下石座長二百六十厘米，寬一百七十八厘米，高十七厘米。碑陽草書，八行，九十八字；碑陰無字。

《北寧市文物志》（趙傑、周洪山主編，遼寧民族出版社，一九九六年）、《遼寧碑志》（王晶辰主編，遼寧人民出版社，二〇〇二年）、《錦州市文物志》（趙振新、吴玉林主編，學苑出版社，二〇〇五年）均有著録。今據原碑照片及北鎮市考古和文物保護服務中心藏拓本録文。

碑文係乾隆皇帝於乾隆四十八年（一七八三）第四次東巡祭祖，途經廣寧時御製五言排律一首。

望醫巫閭山三依皇祖元韵詩碑（碑陽） 清乾隆四十八年

録文

碑陽

迴蹕經平甸，遠欣見翠蓉。已知」北鎮近，應谒」古祠重。舜狩未傳典，」尭章永泐峯。望中悉路徑，遊處憶杉松。憑輦秋猶暖，」晞巒雲未封。由来欽故國，□□〔一〕重」禋宗。廟貌新榱桷〔二〕，」神威護象龍。一時騁遙目，五字識虔胸。　望醫巫閭三依」皇祖元韻。

癸夘季秋月下澣御筆」

〔一〕原碑此二字漫漶不清，《乾隆御製詩四集》（《故宫珍本叢刊》影印清刻本）卷一〇〇此二字作「自昔」。

〔二〕《清高宗御製詩四集》（《故宫珍本叢刊》影印清刻本）卷一〇〇此後注云：「上年七月，盛京將軍慶桂奏請修葺北鎮廟，因降旨發帑重修，廟貌一新。」

望醫巫閭山三依皇祖元韵詩碑拓本（碑陽） 清乾隆四十八年

一二五　觀音閣即景詩碑

清乾隆四十八年

觀音閣即景詩碑，清乾隆四十八年（一七八三）立，現存遼寧省錦州市北鎮廟御香殿前臺上東側。碑暗紫色沉積砂岩質，龜趺螭首。碑首高一百二十九厘米，寬一百三十四厘米，厚四十六厘米。碑身高三百厘米，寬一百二十二厘米，厚三十九厘米。龜趺首尾長二百八十九厘米，寬一百二十厘米，高八十四厘米。龜下爲方型石座，長二百四十厘米，寬一百四十二厘米，高十七厘米。碑陽行書，六行，滿行十九字；碑陰行書，六行，滿行十八字。其中，碑陽内容詳見本書前文清碑一二。

《遼寧碑志》（王晶辰主編，遼寧人民出版社，二〇〇二年）、《錦州市文物志》（趙振新、吴玉林主編，學苑出版社，二〇〇五年）均有著録。今據原碑照片及北鎮市考古和文物保護服務中心藏拓本録文。

碑陽係乾隆皇帝於乾隆八年（一七四三）御製排律一首；碑陰係乾隆皇帝於乾隆四十八年（一七八三）御製五言律詩二首。

觀音閣即景詩碑（碑陰） 清乾隆四十八年

録文

碑陰

佛閣連鎮廟，由來非兩蹊。功均生物賴，德以佑∟民齊。息慮原無象，縱観莫有倪。底須七景歷[一]，自∟合五言題。棧道入巖關，花宮翠靄間。憩躬坐∟清暇，騁目俯孱顏。旋亦別而去，那舷恒此間。天∟成同一望，奚必定盤山[二]。觀音閣即景二首。∟

癸夘九秋月下澣御筆∟

[一]《清高宗御製詩四集》（《故宮珍本叢刊》影印清刻本）卷一〇〇此後注云：「甲戌杪秋，游醫巫閭山，得五言排律三十韻，歷敘山中名勝，如聖水盆、蝌蚪碑、桃花洞、吕公岩、道隱谷、雲巢松、曠觀亭等七景，并於長律中一一分賦及之。」

[二]《清高宗御製詩四集》（《故宮珍本叢刊》影印清刻本）卷一〇〇此後注云：「此山入崖口處，有盤山天成寺松石間意，故戊戌前題有『天成同入路，三載別盤山』之句。」

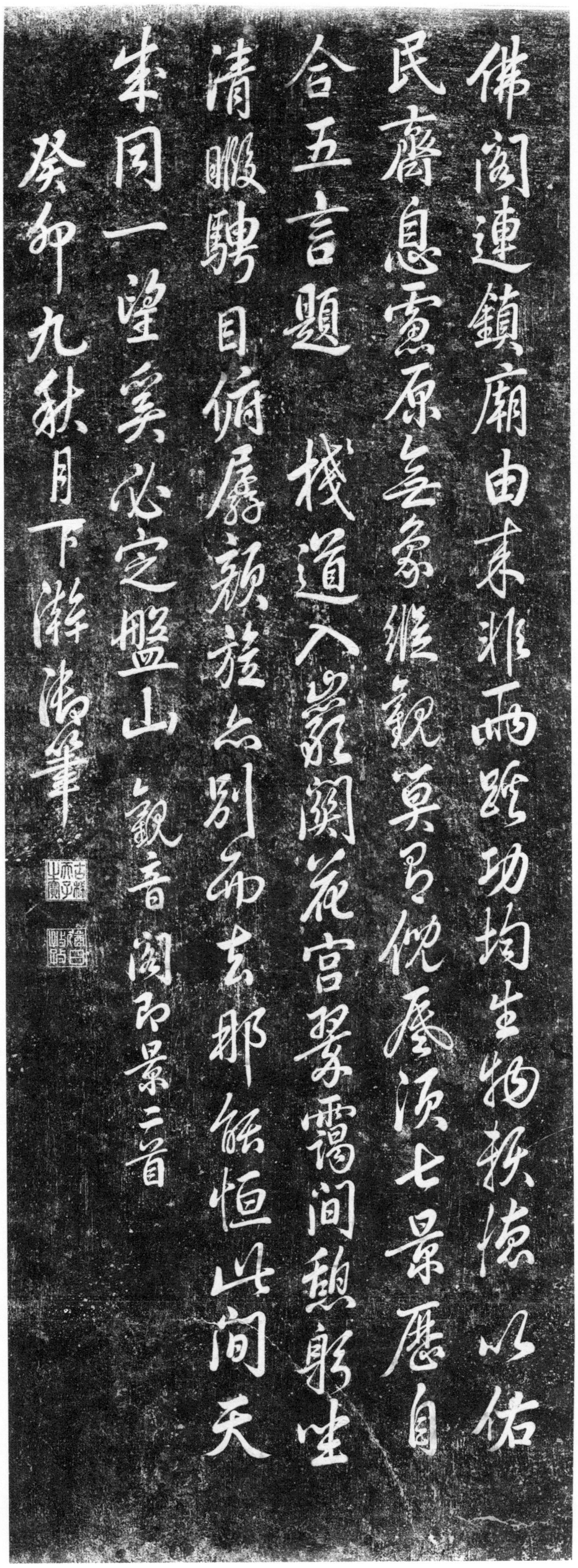

觀音閣即景詩碑拓本（碑陰）　清乾隆四十八年

二六　廣寧道中作詩碑

清乾隆四十八年

廣寧道中作詩碑，清乾隆四十八年（一七八三）立，現存遼寧省錦州市北鎮廟御香殿前臺下西側。碑暗紫色沉積砂岩質，龜趺螭首。碑首高八十七厘米，寬一百一十八厘米，厚三十一厘米。碑身高一百八十七厘米，寬一百零五厘米，厚二十五厘米。龜趺首尾長二百八十二厘米，寬一百一十六厘米，高八十厘米。龜下石座長二百二十厘米，寬一百四十五厘米，高十七厘米。碑陽草書，六行，滿行十四字；碑陰無字。

《北寧市文物志》（趙傑、周洪山主編，遼寧民族出版社，一九九六年）、《遼寧碑志》（王晶辰主編，遼寧人民出版社，二〇〇二年）、《錦州市文物志》（趙振新、吳玉林主編，學苑出版社，二〇〇五年）均有著録。今據原碑照片及北鎮市考古和文物保護服務中心藏拓本録文。

碑文係乾隆皇帝第四次東巡祭祖，途經廣寧時御製五言律詩一首。

廣寧道中作詩碑（碑陽） 清乾隆四十八年

録文

碑陽

勝國扼衝地[一]，⌞陪都屬邑城。昔今形勢異，原隰鑿耕⌞盈。攻奪緬⌞前烈，養教[二]廑後營。重新脩百堵，黎庶⌞喜相迎。

廣寧道中作。⌞

癸夘季秋下澣御筆⌞

[一]《清高宗御製詩四集》（《故宮珍本叢刊》影印清刻本）卷一〇〇此後注云：「見《廣寧縣志》。」

[二]《清高宗御製詩四集》（《故宮珍本叢刊》影印清刻本）卷一〇〇此後注云：「平聲。」

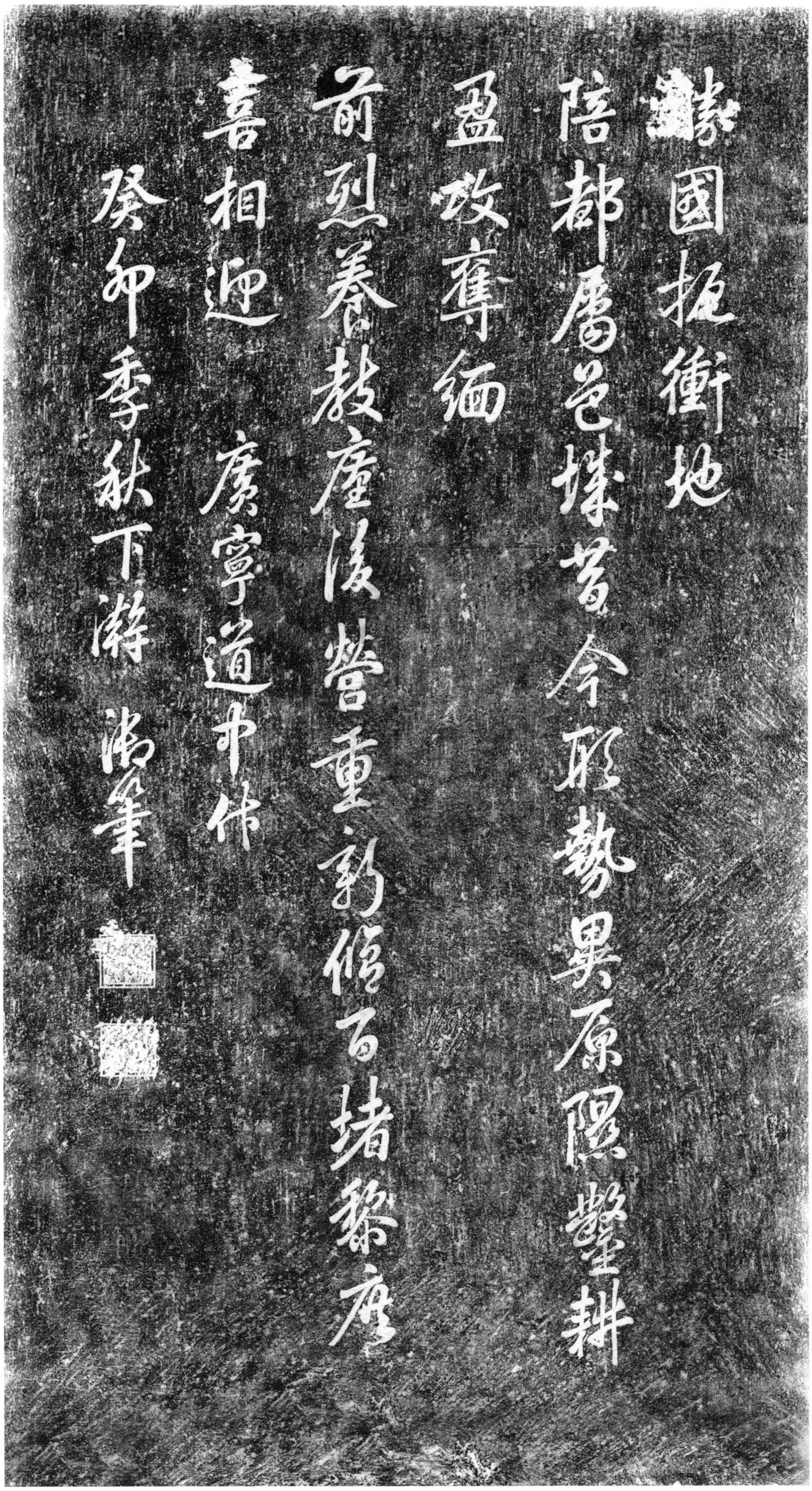

廣寧道中作詩碑拓本（碑陽）　清乾隆四十八年

二七　題醫巫閭四景詩碑

清乾隆四十八年

題醫巫閭四景詩碑，清乾隆四十八年（一七八三）立，現存遼寧省錦州市北鎮廟御香殿前臺下西側。碑暗紫色沉積砂岩質，龜趺螭首。碑首高八十六厘米，寬八十五厘米，厚二十八厘米。碑身高一百七十八厘米，寬七十九厘米，厚二十一厘米。龜趺首尾長二百二十厘米，寬八十六厘米，高七十四厘米。龜下石座長二百四十厘米，寬一百五十厘米，高十四厘米。碑陽楷書，八行，滿行十八字；碑陰無字。

《北寧市文物志》（趙傑、周洪山主編，遼寧民族出版社，一九九六年）、《遼寧碑志》（王晶辰主編，遼寧人民出版社，二〇〇二年）、《錦州市文物志》（趙振新、吴玉林主編，學苑出版社，二〇〇五年）均有著録。今據原碑照片及北鎮市考古和文物保護服務中心藏拓本録文。

碑文係乾隆皇帝於乾隆四十八年（一七八三）第四次東巡祭祖，途經廣寧時御製七言絶句四首。

題醫巫閭山四景詩碑（碑陽） 清乾隆四十八年

録文　碑陽

西峯翠色罨眉尖，恰似屏風展映簾。片石千秋大∟方廣，分明八瓣说楞嚴〔一〕。——翠雲屏。谷名道隱非充隱，泌∟水洋洋足樂飢。游藝不能無後議，圖成逐鹿又何∟為〔二〕。——道隱谷。石崖幡繞落垂紳，泐句多看東海人〔三〕。诗字∟不殊言语異〔四〕，同文可識正同倫。——聖水盆。曾聞萬卷貯∟山亭，欲勝劉家陋室銘。榱桷縹緗消已尽，惟餘名∟共碧峯青。——曠觀亭。題醫巫閭四景。∟

癸夘季秋月下澣御筆∟

〔一〕《清高宗御製詩四集》（《故宮珍本叢刊》影印清刻本）卷一〇〇此後注云：「八還辨見出《楞嚴經》」。

〔二〕《清高宗御製詩四集》（《故宮珍本叢刊》影印清刻本）卷一〇〇此後注云：「《東丹逐鹿圖》爲《石渠寶笈》上等畫卷」。

〔三〕《清高宗御製詩四集》（《故宮珍本叢刊》影印清刻本）卷一〇〇此後注云：「聖水盆崖壁多泐朝鮮人詩，故戊戌題句云：『多有朝鮮人泐句，箕疇文化至今漸。』」

〔四〕《清高宗御製詩四集》（《故宮珍本叢刊》影印清刻本）卷一〇〇此後加小注：「朝鮮人有能國語者，可以共言說通情，至其爲朝鮮語，則全不能曉。及今寫漢字，則又章句分明，亦一奇也。」。

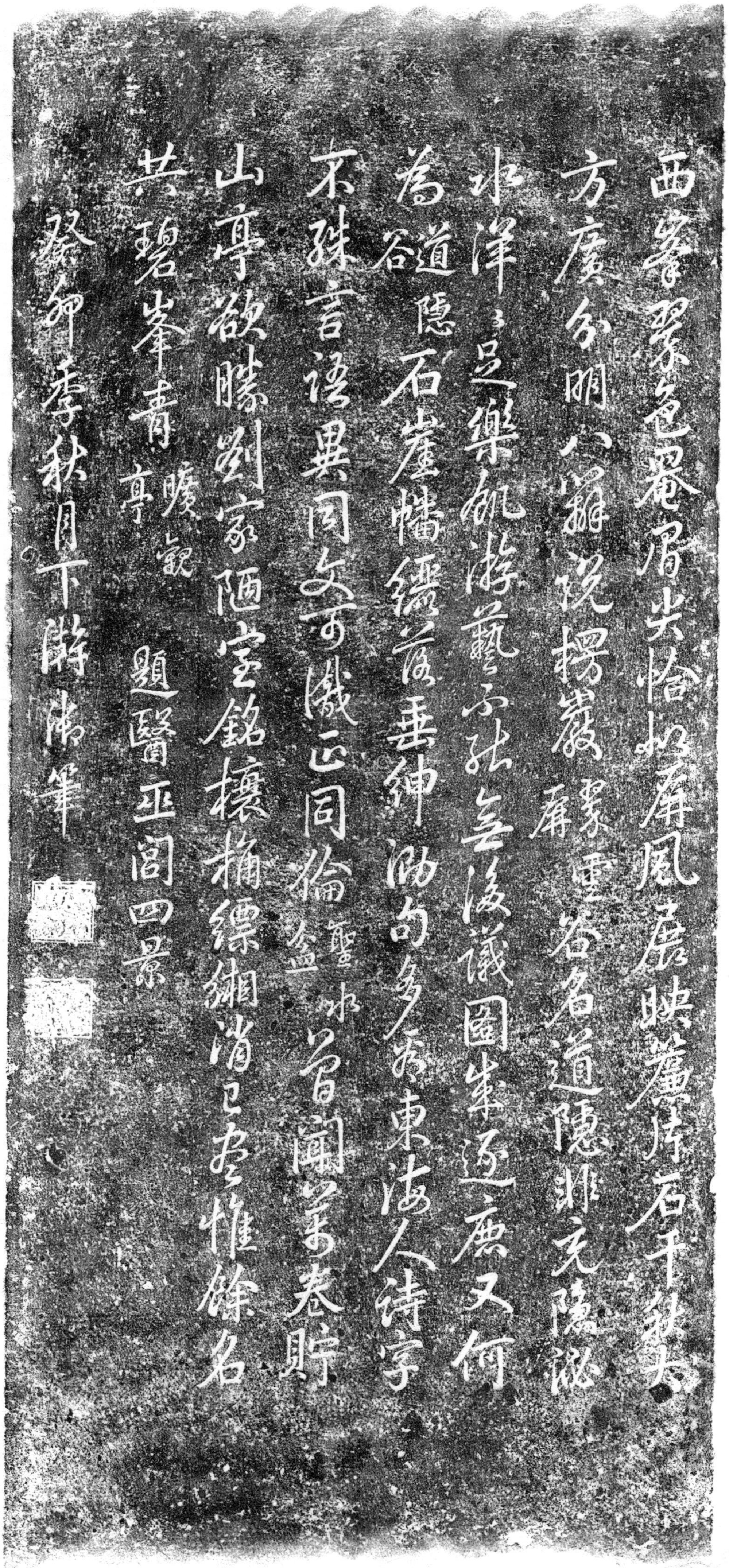

題醫巫閭山四景詩碑拓本（碑陽） 清乾隆四十八年

二八 重修關帝廟碑記

清嘉慶十年

重修關帝廟碑記，清嘉慶十年（一八〇五）立，現存遼寧省錦州市北鎮廟院内寢宮東側臺下。碑暗紫色沉積砂岩質，龜趺螭首。碑首高九十厘米，寬九十七厘米，厚三十厘米。碑身高二百三十厘米，寬八十六厘米，厚二十六厘米。龜趺首尾長二百一十厘米，寬九十五厘米，高九十厘米。碑額正面篆書「萬古流芳」，二行四字；碑額背面楷書「勒碑刻銘」，二行四字。碑陽楷書，十六行，滿行五十一字；碑陰字迹殘泐，漫漶不可識。廉九經撰并書丹。

《北寧市文物志》（趙傑、周洪山主編，遼寧民族出版社，一九九六年）著録。今據原碑照片及北鎮市考古和文物保護服務中心藏拓本録文。

碑文記清嘉慶十年重修北鎮關帝廟之經過。

重修關帝廟碑記（碑陽） 清嘉慶十年

録文

碑陽

重脩關帝廟碑記∟

碑之為義也，竪石紀功德者也。前人之善所以不墜，後人之美所以永傳焉。邑南関舊有∟關聖帝君廟，載在通志，盖歷有年所矣。西鎮閭山，東障遼水，南臨通衢，北藩城池，誠邑中之重刹也哉。顧歷年久遠，風雨漂揺，殿宇□□，∟墻垣坍塌，若無以修葺，恐非所以體∟國家崇奉神道、享祀特隆之至意也。會托公、穆公宰撫斯境，覩而傷之，遂督工營造。其恊力贊襄時，則有若宦任鄉紳諸貴公；歡心輸助時，∟則有若旗民農商諸善士。迺建正殿三間，客廳五間，戲楼、禪室、墻垣犂然大備。茲既萃衆匠以鳩其工，集衆力以成其事。余乃忘□∟固陋，而為之記曰：嗚呼！曾幾何時，而今昔異觀如是速也。入其中，則神像莊嚴；觀其外，則局度崇闳。土木瓦石，無不良且堅矣；□∟碧丹雘，無不輝且麗矣；飭化雕鏤，無不詳且精矣。此一舉也，固上以承我∟皇上尊神明教之典，下以慰百姓禦栽(一)捍患之思。俾閤邑居人素仰藉夫神庥者，扵茲淂所憑依焉，吾用是嘆諸公之力不衰矣。□□∟道揚神貺，鋪張陳言，徒贅腐詞耳。他如舊跡所在、移建之由、前人之功，則古石猶存，余不復序。後有□者，□嘗無所考據云。∟

廣寧正藍旗蒙古防禦品級章京、紀録八次吉勒杭阿；∟管理彰武台邊門品級章京、紀録五次扎倫泰；∟奉天錦州府廣寧縣儒學訓導邊志醇；∟候選守府邢耀府。∟庚申恩科舉人廉九經譔書。∟

大清嘉慶十年歲次乙丑桂月上澣穀旦∟

(一) 原碑此字作「栽」，疑為「災」之誤。

重修關帝廟碑記拓本（碑陽） 清嘉慶十年

重修關帝廟碑記拓本（碑陽額） 清嘉慶十年

録文

碑陰

李文德六兩、㇄監生曺成章四兩、㇄岳林四錢、㇄王朝相四錢、㇄孟騰霄八錢、㇄曺文學一兩、㇄郭仲二兩、㇄張永茂二兩、㇄霍成山八錢、㇄高廷梅六兩、㇄高廷桂六兩、㇄王起品二兩、㇄李端二兩、㇄魏國棋二兩、㇄李國寧八錢、㇄趙鳳八錢、㇄邢玉壹兩、㇄劉賡颺二兩、㇄郝士榮二兩、㇄張加玉二兩㇄

尚德四兩、㇄谷冲霄八錢、㇄永順當八錢、㇄同發號八錢、㇄永發號八錢、㇄成有當一兩二錢、㇄隆興當一兩二錢、㇄郭煥然八錢、㇄隆福當一兩二錢、㇄李恒脩八錢、㇄李宏安八錢、㇄高世傑一兩、㇄高花二兩、㇄宋廷輔一兩、㇄高廷亮二兩、㇄高廷香四兩、㇄高明二兩、㇄郭斌六兩、㇄趙世貴二兩、㇄張順之六兩㇄

王起四錢、㇄張獻玉七兩、㇄焦文亮二兩、㇄劉玉琢一兩、㇄傅朝選八錢、㇄李成基八錢、㇄孫平貴八錢、㇄合興號一兩、㇄廣有號八錢、㇄廣成號八錢、㇄東三合棧一兩、㇄天立號八錢、㇄天和號八錢、㇄太興號八錢、㇄太和號八錢、㇄萬隆棧八錢、㇄翟油房八錢、㇄廣和號一兩二錢、㇄王明貴八錢、㇄邵蒼柱八錢㇄

王耀四錢、㇄蕭自奉四錢、㇄魏德發四錢、㇄張惠四錢、㇄郭朝元四錢、㇄張連富四錢、㇄田明遠四錢、㇄吴秉山四錢、㇄魏義春四錢、㇄馬珺四錢、㇄任彩章八錢、㇄紀鳳六兩、㇄㠯國良二兩、㇄張摺玉八錢、㇄張珮八錢、㇄張玺玉八錢、㇄王治邦四錢、㇄刘文德四分、㇄徐天保四分、㇄李珍四分㇄

程萬二百兩、㇄李廷輝十二兩、㇄王鄉約十六兩、㇄趙鄉約十兩、㇄王鄉約廿二兩、㇄吴鄉約十二兩、㇄楊鄉約廿兩、㇄翟係正十五兩、㇄王鄉約十二兩、㇄邉鄉約七兩、㇄二道境廿兩、㇄徐鄉約四兩、㇄魏鄉約八兩、㇄彭鄉約廿兩、㇄郭鄉約二兩、㇄王鄉約十八兩、㇄齊平八兩、㇄王永功九兩、㇄劉鄉約十八兩、㇄蘭自成十兩㇄

王發十四兩、㇄孫成礼十一兩、㇄陳鄉約二十兩、㇄潘文德施髯、㇄戴起正六兩、㇄張學洙六兩、㇄庄頭蔣俊廿兩、㇄張盛德一兩、㇄胡炯鋪一兩、㇄鄭玉成一兩、㇄韓藍一兩、㇄康玉林一兩、㇄毛國弼一兩、㇄李順一兩、㇄永茂店四兩㇄

王福公、㇄王福榮、㇄王福賢、㇄王福華、㇄王福建、㇄王富贵、㇄王福名㇄施㇄菓㇄園㇄壹㇄塊；㇄坐洛[一]黄土坎。㇄

〔一〕原碑此字作「洛」，疑爲「落」之誤。

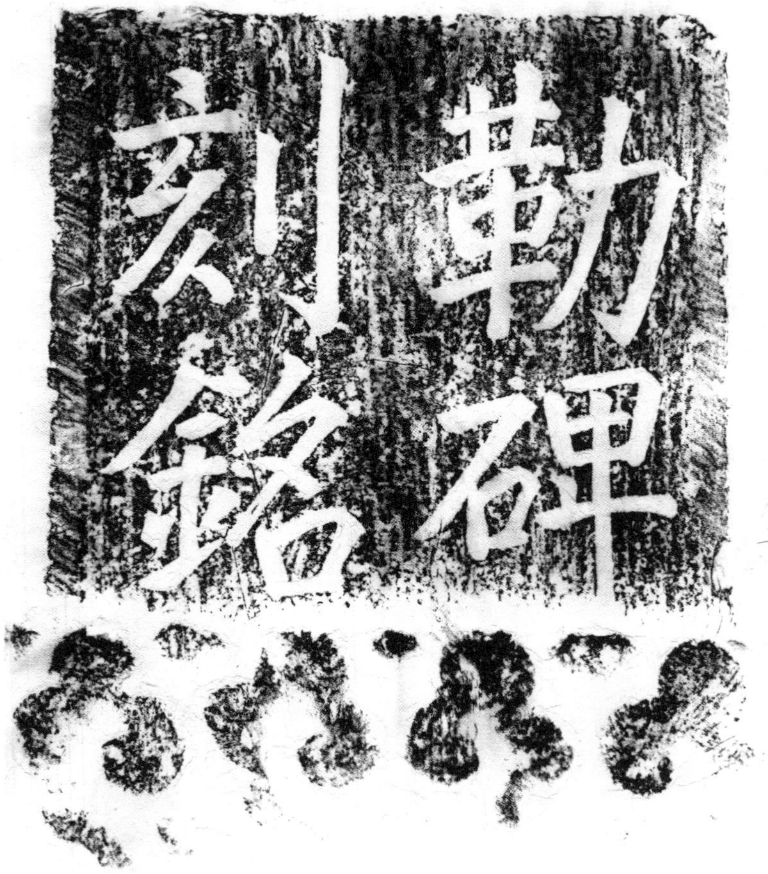

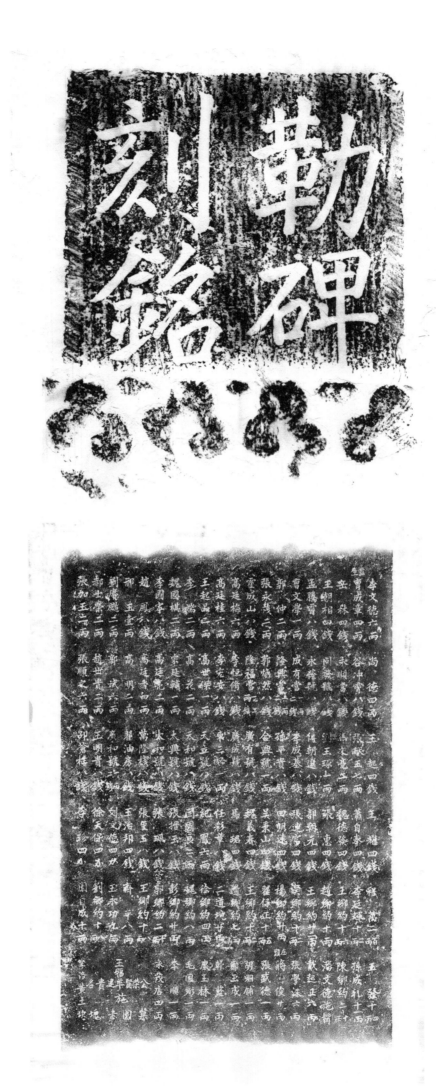

重修關帝廟碑記拓本（碑陰額） 清嘉慶十年（上）
重修關帝廟碑記拓本（碑陰） 清嘉慶十年（下）

二九　關帝廟重修碑文

清嘉慶十年

關帝廟重修碑文，清嘉慶十年（一八〇五）立，現存遼寧省錦州市北鎮廟院内寢宫東側臺下。碑暗紫色沉積砂岩質，龜趺螭首。龜趺高七十三厘米，長一百九十厘米，寬九十六厘米；碑首高九十五厘米，寬九十五厘米，厚三十五厘米；碑身高二百三十厘米，寬八十八厘米，厚二十六厘米。碑額篆書「重脩碑記」，二行四字；碑陽楷書，十九行；碑陰楷書，二十七行。馬玉墀撰文，□有彬書丹。

今據原碑照片及北鎮市考古和文物保護服務中心藏拓本録文。

碑文記清嘉慶十年北鎮關帝廟重修之經過。

關帝廟重修碑文（碑陽） 清嘉慶十年

録文

碑陽

關帝廟重脩碑文∟

從來風俗之端，由抒人心之正；人心之正，由抒神道之感。有以助昭昭之化，抒㝠▯∟關聖帝君，威靈赫濯，屢有朙驗，歷代頻加封贈。及我∟朝，封號極至，祀禮尤隆，是豈蕞爾鄉邑私為崇奉哉。然余甞過諸城邑鎮堡，見關▯∟惠澤之照人者深，曷至斯乎。況廣邑南闗關帝廟，通志載之，自古有年人。▯∟近年来，住持無存，香火久虛，殿宇墻垣，並皆傾頹。雖有善信，莫能為力。洎托▯∟必崇祀典。爰蠲俸命工重新营建。維時，同寅諸公暨绅士諸公，復捐銀董率▯∟資助，共鳩厥工。乃建大殿三間，有禅室、客廳為左右；馬殿三間，有山門、戲楼▯∟牖，則酌乎時宜。觀其藩城作壁，拔地營堦，長廊、高閣、刻桷、丹楹，誠可以安▯∟竣，乃屬序抒余，余曰：斯役之興，要不淂以土，木無名議之者，吾抒帝君之▯∟堪師親而尊曰：夫子忠義為範，畏而奉以神朙，不獨翼漢祚抒往古，抑真維天▯，∟既懷德而生其感慕；愚不肖者，亦畏威而勉為懿行。故曰：神道之感，即人心之感，由▯∟也。由是，陰陽调而風雨時，羣生和而萬民殖，五穀熟而草木茂，百祥降而諸福臻。▯∟神聖之默鑄潛陶，有以補造化所不及云爾。是為序。∟

管理廣寧等處防守尉、軍功奬賞花翎紀録一次托永安；∟特授奉天錦州府廣寧縣正堂、加三級、紀録九次穆克登布。∟廣寧縣學增廣生馬玉墀沐譔。∟錦州府學庠生□有彬敬書。∟

大清嘉慶十年歲次乙丑桂月上浣穀旦立∟

經理人：∟

王諭、藴玉頗、尚成志、李鵬元、張天▯∟王朝選、張霈、靡玉廷、張斌、馬尚▯∟錢可發、任登高、黄希闵、李清□、顧▯∟中和號、泰昌號、王福、王朝福、李▯∟萬盛號、張秀、刘文宝、翟寬、王福礼、▯∟丁恴遠、賈新治、廣福號、丁有孝、李冠天▯∟李信吾、興隆號、袁玉和、周喜瑞、刘煥、郑▯∟張成業、新盛號、趙思亮、永隆號、丁慎習、董▯∟

住持僧▯∟

關帝廟重修碑文拓本（碑陽）　清嘉慶十年

録文　碑陰

盛京正藍旗原任佐領、加五级、纪録十次富通∟
廣寧正白旗世襲滿洲佐領、加三级、纪録七次托克托布∟
廣寧正白旗世襲滿洲佐領、加一级、纪録四次奇成保∟
廣寧正黄旗滿洲防禦兼世襲騎都尉、加四级、纪録二次二達色∟
廣寧正黄旗漢軍防禦品级章京連陞∟
廣寧旗倉正監督常德∟
候選州同廣寧旗倉副監督何學良∟
廣寧旗倉正監督富昇阿∟
奉天錦州府廣寧縣典史席世綱∟
廣寧正白旗驍騎校、纪録□次保山∟
廣寧正白旗驍騎校、纪録三次安泰∟
廣寧正白旗驍騎校、纪録四次寧珠∟
廣寧滿洲正黄旗驍騎校、纪録二次三音保∟
廣寧漢軍正黄旗驍騎校、加一级、纪録五次德清∟
廣寧正藍旗驍騎校章保∟
管理金州防禦、纪録三次吉伶阿∟
吏部候選教諭趙廷試四両∟
歳貢生張敬業六両、∟劉琦廿両、∟馬玉柱六両∟
廩膳生符自哲四両∟
邑庠生劉大用四両、∟張信成二両∟
太學生梁照二両、∟張国鈞六両、∟宋寅廿両、∟柳公臣、∟齊富四十両、∟劉德輝六両、∟鄭旺六両∟
吏員李国華四両、∟于士魁五両、∟柳泰∟

德春號十両、∟天成號十両、∟寧泰號十両、∟廣泰號十両、∟廣源號十両、∟廣⿰⿱亠八⿱共八}棧十両、∟福成號十両、∟廣⿱亠⿰丿八⿱共八號十両、∟
萬盛號十両、∟廣嘉號十両、∟廣立號十両、∟廣昇當十両、∟恒興當十両、∟永益當十両、∟恒□□六両、∟萬□□六両、∟
永順號六両、∟廣發店六両、∟永茂店六両、∟恒成號六両、∟天增號六両、∟董鏵房六両、∟吉興號六両、∟永通號六両、∟
福德號六両、∟廣發號六両、∟玉和店六両、∟萬英六両、∟萬盛香房六両、∟羨盛香房六両∟
永增號四両、∟萬興號四両、∟萬成號二両、∟聚成號二両、∟魏興周二両、∟同發店二両、∟廣順號三両、∟寧發號三両、∟
呉萬發二両、∟公盛號二両、∟德有號二両、∟胡蓆房二両、∟廣盛□房二両、∟齊自茂三両、∟齊雲店三両、∟李連登二両、∟
江興舘四両、∟利增號二両、∟德盛號二両、∟萬順號四両、∟德興號四両、∟李登朝二両、∟輝寶斋三両、∟義寶斋三両、∟
永成斋二両、∟玉德斋二両、∟郝銀舖二両、∟趙銀舖二両、∟德盛齋二両、∟恒足號二両∟
永德號二両、∟吉祥斋二両、∟順興號二両、∟玉成烛舖二両、∟永增棧二両、∟甯鐸二両、∟泰豊號二両、∟恒泰號二両、∟
雲集號二両、∟恒發號二両、∟朱燦章二両、∟永興號四両、∟李琳廿両、∟廣慶號三両、∟中和號四両、∟王盛二両、∟藴
連德二両、∟江南舘二両、∟廣盛染坊二両、∟王有公記二両、∟泰来號二両、∟利成斋二両、∟寧和號三両、∟興盛號二両四、∟
靳平礼二両、∟三盛香房二両、∟永成號二両、∟文元堂二両、∟劉守富五両、∟王士華一両∟
黄清一両、∟黄忠旺二両、∟黄嵣二両、∟毛國斌二両、∟賈永富四両、∟秦玺十両、∟纪公鳳六両、∟么懷玺四両、∟
杜起蛟二両、∟么懷孔二両、∟邱国安二両、∟公增號二両、∟公興號二両、∟公利號一両、∟劉萬豊一両、∟叟發當十両、∟
廣發號十両、∟德有號二両、∟常泰號三両、∟廣新當三両、∟廣義堂二両、∟新盛當三両、∟四合號二両、∟呉自發一両、∟
同盛當五両、∟邱玘二両、∟吕孝正二両、∟張可禄一両、∟范連仲四両、∟路永萬四両∟
王文忠八錢、∟孫士□八錢、∟徐国□八錢、∟馬富八錢、∟関勇八錢、∟豈守義八錢、∟陳有貴八錢、∟高福八錢、∟
陽淳四両、∟張象南□□、∟趙名遠□□、∟　呉淂勝六両、∟藴蕴德六両、∟李君實六両、∟楊国福四両、∟黄顕之四両、∟
李润生四両、∟富昇號四両、∟三成店三両、∟劉興衆二両、∟劉興邦二両、∟刘興漢二両、∟梁義二両、∟張永錦二両、∟
張永鑣三両、∟世美號三両、∟高承宗三両、∟于偉二両、∟鄭厚三両∟
閆陽驛十両、∟郎家园子四両、∟張鴻仈一両、∟張進礼十両、∟佟鄉约六両、∟侯[一]牌頭四両、∟劉鄉约五両、∟王廣

（一）原碑此字誤作「候」。

十一兩、∟劉▯、∟▯、∟▯、∟▯、∟▯、∟▯、∟▯、∟▯、∟▯、∟▯、∟▯、∟▯、∟

▯、∟▯、∟▯、∟▯、∟馬▯、∟□祥□□、∟□萬倉□兩∟▯

付□玉十八兩、∟張鄉約九兩、∟王鄉約十四兩、∟侯〔一〕鄉約八兩、∟五顆樹十兩、∟羅鄉約十兩、∟郭□十兩、∟鍾鄉

約十兩、∟李鄉約八兩、∟▯、∟▯、∟▯、∟▯、∟▯、∟▯、∟▯、∟▯、∟▯、∟▯、∟

香□子山十兩、∟賈鄉約八兩、∟高山子十兩、∟孫世瑞十二兩、∟張鄉約六兩、∟趙貝十兩、∟梁家碑五兩、∟張祥十兩、∟

王家店十二兩∟

▯、∟▯、∟▯、∟▯、∟▯、∟▯、∟▯、∟▯、∟▯、∟▯、∟▯、∟▯、∟▯、∟▯、∟

▯、∟▯、∟▯、∟▯、∟▯、∟▯、∟▯、∟▯、∟▯、∟▯、∟▯、∟▯、∟▯、∟▯、∟

▯、∟▯∟

廣寧縣民籍業儒梁梓齡篆額∟

〔一〕原碑此字誤作「候」。

關帝廟重修碑文拓本（碑陰）　清嘉慶十年

三〇 恭依皇祖元韵御筆詩碑

清道光九年

恭依皇祖元韵御筆詩碑，清道光九年（一八二九）立，現存遼寧省錦州市北鎮廟御香殿前臺上東側。碑暗紫色沉積砂岩質，龜趺螭首。碑首高一百一十四厘米，寬一百二十八厘米，厚三十八厘米。碑身高二百二十四厘米，寬一百一十三厘米，厚三十厘米。龜趺首尾長二百五十厘米，寬一百一十八厘米，高八十三厘米。龜下石座長二百四十厘米，寬一百四十厘米，高十六厘米。碑陽行書，十二行，滿行三十字；碑陰行書，七行，滿行十三字。其中，碑陽内容詳見本書前文清碑一六。

《北寧市文物志》（趙傑、周洪山主編，遼寧民族出版社，一九九六年）、《遼寧碑志》（王晶辰主編，遼寧人民出版社，二〇〇二年）、《錦州市文物志》（趙振新、吴玉林主編，學苑出版社，二〇〇五年）均有著録。今據原碑照片及北鎮市考古和文物保護服務中心藏拓本録文。

碑陽爲清乾隆皇帝於乾隆十九年（一七五四）第二次東巡祭祖，途經廣寧游歷醫巫閭山時御製五言三十韵長詩一首；碑陰爲清道光皇帝於道光九年（一八三〇）秋八月，從北京至盛京祭祖，九月九日途經廣寧祭北鎮廟時御製五言律詩一首。

恭依皇祖元韵御筆詩碑（碑陰） 清道光九年

録文

碑陰

作鎮開鴻業，皇朝仰肇禋。衔诚欽∟列聖，錫福遍齊民。受命纪辛巳，∟隨鑾愴戊寅〔一〕。巍乎鍾王氣，寳祚∟自∟天申。

道光己丑季秋之月，致祭∟北鎮醫巫閭山，恭依∟皇祖元韻御筆。∟

〔一〕《清宣宗御製詩餘集》（《故宫珍本叢刊》影印清刻本）卷三此後注云：「予以戊寅秋隨侍皇考東巡，道出閭陽，敬瞻廟貌。迨辛巳踐阼初元，遣官告祭。而仰止之懷，與時俱積。兹蹕途載莅，恭奉明禋，巍乎巨鎮，王氣鍾焉。所以培國祚而錫無疆之福者，實賴神庥，曷勝敬感！」

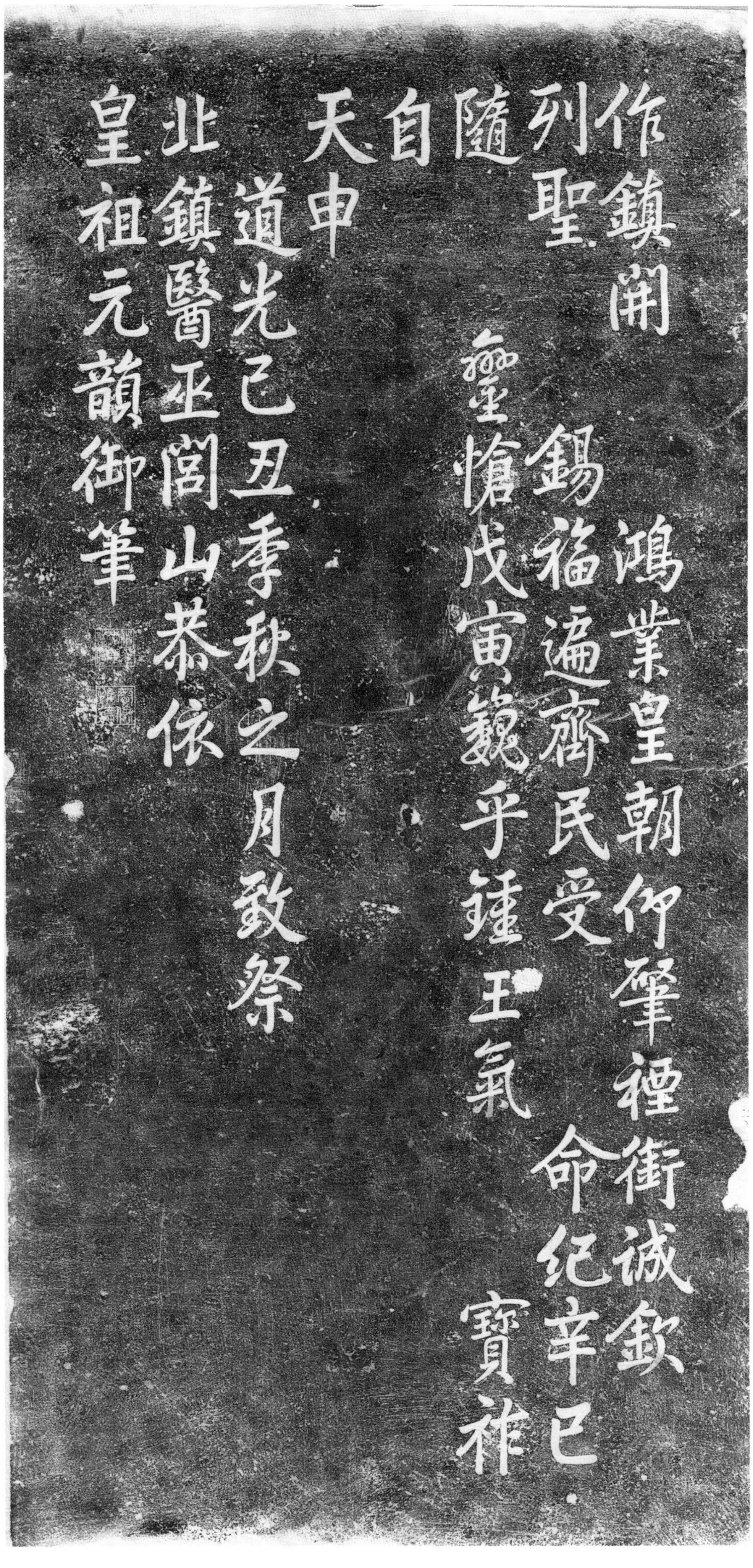
作鎮開鴻業皇朝仰肇禋衛誠欽
列聖錫福遍齊民受命紀辛巳
隨鑾愴戊寅巍乎鍾王氣寶祚
自
天申
道光己丑季秋之月致祭
北鎮醫巫閭山恭依
皇祖元韻御筆

恭依皇祖元韵御筆詩碑拓本（碑陰） 清道光九年

三一　敕修北鎮廟碑

清光緒十八年

敕修北鎮廟碑，清光緒十八年（一八九二）八月立，現存遼寧省錦州市北鎮廟神馬殿内東側。碑暗紫色沉積砂岩質，龜趺螭首。碑首高一百三十厘米，寬一百三十四厘米，厚四十一厘米。碑身高二百五十七厘米，寬一百二十三厘米，厚三十二厘米。龜趺首尾長三百一十五厘米，寬一百四十一厘米，高九十三厘米。碑額篆書「敕脩北鎮廟碑」，三行六字；碑陽楷書，二十八行，滿行六十五字，陳震、涂景濤撰文；碑陰無字。

《北寧市文物志》（趙傑、周洪山主編，遼寧民族出版社，一九九六年）、《遼寧碑志》（王晶辰主編，遼寧人民出版社，二〇〇二年）、《錦州市文物志》（趙振新、吴玉林主編，學苑出版社，二〇〇五年）均有著録。今據原碑照片及北鎮市考古和文物保護服務中心藏拓本録文。

碑文記裕長、慶裕、興陞、裕禄等奉敕重修并祭祀北鎮廟之經過。

敕修北鎮廟碑（碑陽） 清光緒十八年

録文

碑陽

勅修北鎮廟碑∟

夫含澤布氣，産育萬物曰仁；觸石興雲，施徧天下惟德。蓋諸生之根苑，實百化之神區，或屐或懸，以祈以報，材用攸取，祭法宜之。而況靈脈遠宗，蟬嫣乎太白；∟帝鄉近輔，龍蟠於大東者哉？醫巫閭者，北界之支山，渤尾之喬嶽，地志以為舜封十二之一。幽州之鎮，《周禮》列之四隅；東方之美，《爾雅》載之九府。稱名最古，可得稽焉。他若於微∟閭，別見於《楚辭》；醫無慮，獨志於《范史》。特音之轉，非有異也。爾其為山也，巃嵸崔嵬，恢特窅奧，谷邃藏豹，巖高障鷹。周迴二百里而贏，頫眎十三山而小，雄俊無偶，靈祇實馮。∟隋開皇十四年封為北鎮，位在沂、稽、霍、吳之次。至唐錫以「廣甯」之號，逮元增以「貞義」之稱，曰公曰王，寵加人爵。明洪武朝，詔更正之。神以山名，於義為允；廟在山麓，歷代所∟崇。廢興有時，往牒失攷。洎永樂辛丑，始增而飾之；及宏[一]治甲寅，載廓而大之。土木之功，窮極夸麗。玉步既改，壇場就蕪。愀乎神棲，禾黍均歎。∟皇清締造，在瀋之陽；旌鉞一麾，松杏丕應；百靈效命，遂壹寰區。以玆山密邇留都，實資輔佐；為民祈福，首薦馨香。∟聖祖東巡，三過其境。嘗就故址，式啟新宮。題寶額以褒崇，勒貞珉而表識。是則周遷雒邑，不廢岐陽之蒐；漢王關中，猶致枌楡之祀。維桑畢敬，不忘本也。∟世宗繼軌，追惟昔游，溯天作之原，念王迹之肇，闡揚靈蹟，恢拓曩規。迺召司空，庀徒揆日，經營三稔，輪奐一新。粤若∟高宗，鑾輿四莅，屢修望秩之典，大報生殖之功。退宴禮堂，思紀地德，懷柔作頌，仰上歌風。鴻製炳如日星，豐碑照乎巖谷。雖鄒嶧刻石，弇山樹槐，方玆陋矣。亦越∟仁宗、∟宣宗，有事舊邦，陟岡展禮，篚羃周序，牲幣芬壇。草樹霑和，飛走沐惠。億兆咸悅，精祇具歡。卓哉煌煌，神明之式。自時厥後，∟列聖相承，宵旰勤勞，不遑岳狩。∟翠華未來，於玆三紀。唐陳蕆塞，楹桷陊剝，守土者懼焉。光緒十四年夏，彌月不雨。奉天府府尹臣裕長，責躬引咎，為物存誠，圭璧竭祈，心焚形瘵。迺使驛巡道臣興陞齋祀於神，∟而自曝身庭除，坐薪以待，精符感應，及期降澤，枯蘇槁潤，歲亦有秋。一時耆艾搢紳走相告曰：微神雨我，民靡孑遺。廟圮不治，何以報德。請達∟天聽，庶酬山靈。於是臣裕長與將軍臣慶裕，頫採輿論，據以入告，得∟旨俞允。遂以明年三月，命奉軍統領記名提督高州鎮總兵臣左寶貴、副都統銜協領臣程世棨，率帳下將士以時經始。陶户笵土，梓人度材，約之椓之，斧之鋸之，衆工畢會，∟通力合作。適臣慶裕用嬰病乞罷，東三省練兵大臣臣定安攝之。八月，臣裕長亦以右擢去官，臣興陞繼之。前者赫赫，後者熙熙，具瞻之望允符，作廟之功罔輟。其冬，∟朝命湖廣總督臣裕祿代為將軍。十六年春，道出山下，攷覽工程，董司者以財殫為請，因慨然曰：孔碩孔曼，匪不日能成；苟

[一] 原碑此字應作「弘」，改作「宏」，乃避清乾隆皇帝愛新覺羅弘曆之諱也。

完苟美，非奉神之道。迺斥發餘款以益之，盡撤朽∟材，卒成崇構，越二年壬辰秋九月蕆事。是役也，取財外府之羨餘，不煩中帑；假力元戎之小隊，弗勞農民。用費節而恢閎，成功速而完固。凡造宮殿、廊廡、門闕、樓亭、寮舍之∟屬，都一百三十楹，周繚垣三百四十丈。崇麗堅密，遠邁疇昔。落成之日，置酒相勞，衆志憙忭，式歌且舞。相與集乎禮神之囿，登乎頒祇之堂。感靈兮之連蜷，歎佳哉之蔥鬱。∟猶罣然想望∟天子之氣，隱然如聞萬歲之呼。益信發祥之所自來，而隤祉之未有艾也。於時，候選知府臣陳震、揀選知縣臣涂景濤等忝附□事，承命簒文，鏤頌樹碑，垂示來許，其辭曰：∟

報德之維，精光下燭。間氣扶輿，磅礴蕴蓄。結而為山，崢嶸峭卓。恢恢大圓，生是使獨。壯哉靈造，曠如奥如。連嶂疊巘，含溪吐渠。平揖恒岱，横睨蓬壺。倚天萬仞，據海一隅。鬱∟以巍峩，為國之鎮。翠微齊色，蒼垠北峻。斐斐蒸歊，濛濛灑潤。幽賛兩儀，應符啟運。矗矗崇阜，大邦維屏。分躔箕尾，表域幽并。歆馨顧德，宏我∟舊京。混同宇内，累世承平。九區克咸，百神受職。惟此名山，朔隆命秩。鐘鼓畢陳，丹青並飾。實實枚枚，以為民極。歲月緜歷，梁棟傾欹。振衰起墜，賢矣有司。培址礱礷，繡栱彫楠。∟廟貌有赫，神人共怡。肸蠁豐融，風雲冥契。旱雩而霖，潦禜而霽。降福孔皆，世祀不替。莘莘俎豆，肅肅衣冠。鏘金應谷，薦玉承巒。靈冠四鎮，惠普三韓。嘉貺備致，樂石重刊。∟

大清光緒十有八年八月己酉朔丙辰建∟

敕修北鎮廟碑拓本（碑陽） 清光緒十八年